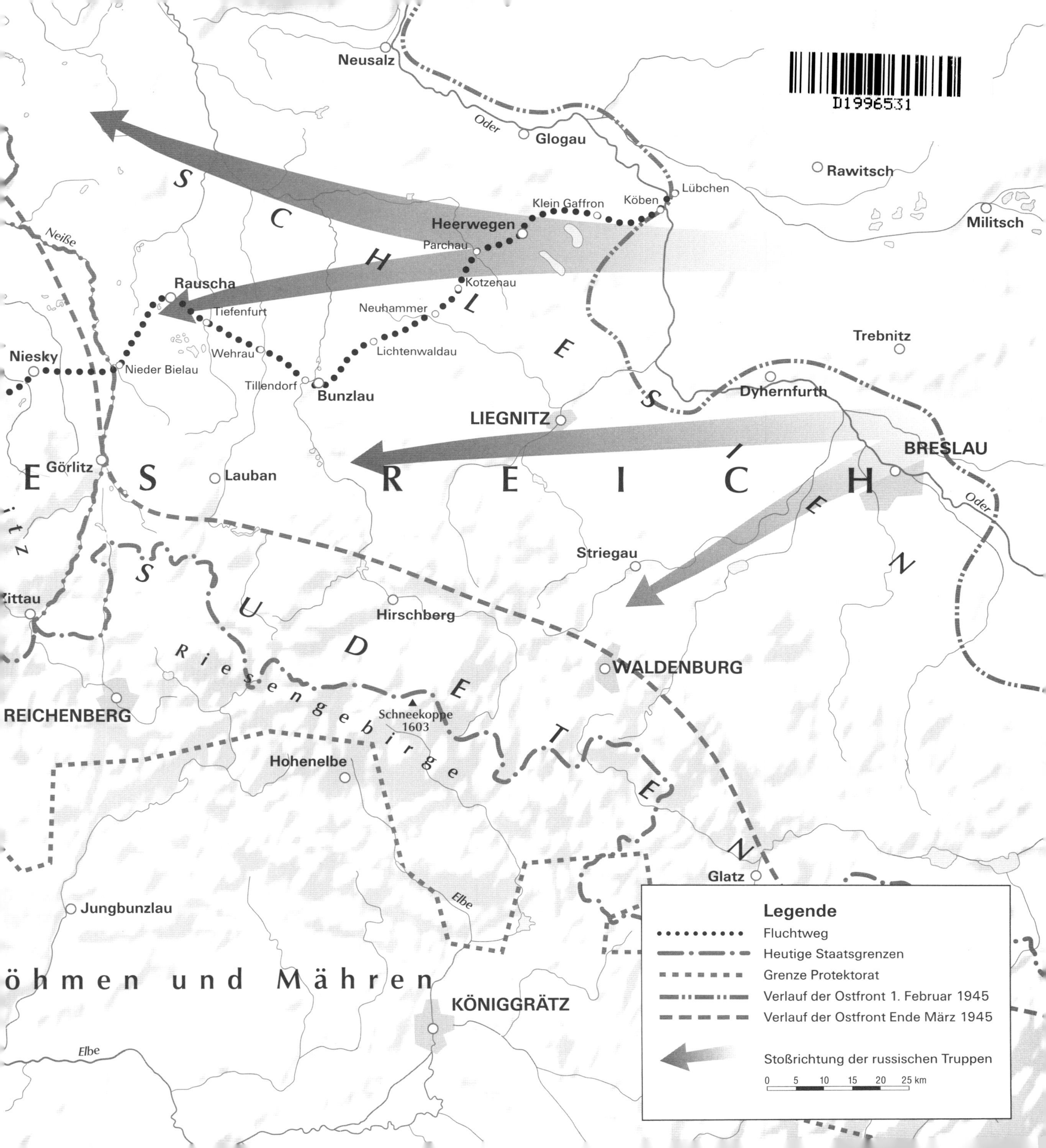

Neusalz
Oder
Glogau
Rawitsch
Lübchen
Köben
Klein Gaffron
Militsch
Heerwegen
Parchau
Kotzenau
Neiße
Rauscha
Tiefenfurt
Neuhammer
Lichtenwaldau
Wehrau
Niesky
Nieder Bielau
Tillendorf
Bunzlau
Trebnitz
Dyhernfurth
LIEGNITZ
BRESLAU
Görlitz
Lauban
S C H L E S I E N
E S R E I C H
itz
Striegau
ittau
Hirschberg
S U D E T E N
Riesengebirge
WALDENBURG
REICHENBERG
Schneekoppe 1603
Hohenelbe
Elbe
Glatz
Jungbunzlau
öhmen und Mähren
KÖNIGGRÄTZ
Elbe
Legende
Fluchtweg
Heutige Staatsgrenzen
Grenze Protektorat
Verlauf der Ostfront 1. Februar 1945
Verlauf der Ostfront Ende März 1945
Stoßrichtung der russischen Truppen
0 5 10 15 20 25 km

LUCIA BRAUBURGER

Abschied von Lübchen

LUCIA BRAUBURGER

Abschied von Lübchen

Bilder einer Flucht aus Schlesien

Mit Fotografien von Hanns Tschira

Econ

Inhalt

LUCIA BRAUBURGER

Vorwort

Hanns Tschira war das, was man passioniert nennt, vielleicht sogar besessen. »Ohne die Kamera um den Hals haben wir unseren Vater nie gesehen«, erinnert sich sein Sohn Peter-Christian. An die 200 000 Aufnahmen sind so im Laufe der Jahre zustande gekommen. Bilder, die unabhängig vom Ort des Entstehens alle eines gemeinsam haben: Sie zeigen nicht das Spektakuläre, sie zeigen den Alltag, das Menschliche, das Authentische. Diese Authentizität finden wir auch in den Fotografien wieder, die in diesem Buch abgebildet sind. Sie dokumentieren die Flucht eines ganzen Dorfes, das im Januar 1945 vor der heranrückenden Roten Armee zu einem langen Marsch aufbricht – von Schlesien bis nach Neu-Oelsnitz, einem kleinen Ort im Erzgebirge.

Im Dezember 2003 hörte ich zum ersten Mal von Bildern über den Abschied von Lübchen. Ich recherchierte Pressefotos für ein Filmprojekt der ZDF-Redaktion Zeitgeschichte über die »Große Flucht«, als mir ein Kollege von einem Freund erzählte, der noch alte Aufnahmen seines Vaters habe. Das war auch das erste Mal, dass ich den Namen Hanns Tschira hörte. Von seinem Sohn Peter-Christian erfuhr ich kurze Zeit später, dass der 1957 verstorbene Fotograf nicht nur ein paar einzelne Fotos hinterlassen hatte, sondern eine ganze Serie. Tschira junior erklärte sich sofort bereit, uns einige der Motive aus dem umfangreichen Archiv seines Vaters zur Verfügung zu stellen.

Ich werde den Moment, als mir der Umschlag mit den Fotos auf den Tisch gelegt wurde, nie vergessen: Zum Vorschein kamen über hundert Abzüge, kleinere, größere, ein völlig unsortierter Stapel. Fasziniert starrte ich auf die ersten Aufnahmen – beeindruckende Porträts von Alten mit leeren Gesichtern, Bilder von Winterlandschaften, durch die sich Pferdefuhrwerke quälen, Frauen mit überladenen Leiterwagen, kleine Kinder an der Hand. Ich musste unwillkürlich an die Geschichte meiner Mutter denken, die im Januar 1945 im Alter von sechs Jahren aus Schlesien aufbrach und wie Millionen andere Menschen aus Angst vor der Roten Armee ihr Zuhause verließ. Die Erzählungen meiner Mutter aus dieser Zeit haben mich mein Leben lang begleitet.

Ich betrachtete die Fotos etwas genauer. Auf der Rückseite einiger Abzüge entdeckte ich Notizen, die, wie ich später erfuhr, von Hanns Tschira stammten. Manche beschrieben die Personen, die auf den Bildern zu sehen waren, manche nannten den Ort der Aufnahme, manche gaben Stimmungen wieder, doch der Verlauf der damaligen Ereignisse ließ sich damit nicht rekonstruieren. Der Fotograf hatte leider keine weiteren Aufzeichnungen von der Flucht aus Lübchen hinterlassen. Von Peter-Christian Tschira erfuhr ich aber, dass Martha Maria Schmackeit, die langjährige Mitarbeiterin seines Vaters und selbst eine hervorragende Fotografin, einzelne Etappen der Flucht in einem Protokoll festgehalten habe. Ihr Sohn Peter erklärte sich bereit, mir das Heft mit Daten und Ortsnamen sowie einige fragmentarische Tagebuchaufzeichnungen seiner Mutter zur

Verfügung zu stellen. Mit Hilfe dieser Informationen ließ sich der Weg, den der Treck auf dem vierwöchigen Marsch zurücklegte, tatsächlich genauer rekonstruieren.

Dennoch blieben viele Fragen offen: Wer waren die Menschen, die auf den Fotos zu sehen sind, wo und wann sind die Aufnahmen entstanden? Welche Geschichte verbirgt sich hinter den Bildern? Fragen, die auch Peter Schmackeit nur zum Teil beantworten konnte. Seine Mutter und er waren erst im Spätsommer 1943 nach Schlesien gekommen, die Menschen aus Lübchen waren ihm nicht vertraut. Und auch Peter-Christian Tschira, im Januar 1945 sechs Jahre alt, hat wie sein Zwillingsbruder Wolf nur lückenhafte Erinnerungen an die Zeit in Lübchen und die Flucht. Um mehr zu erfahren, musste ich mich auf die Suche nach weiteren Zeitzeugen begeben.

Die Landsmannschaften, in denen viele Schlesier heute noch organisiert sind, waren eine erste Anlaufstelle. Für den ehemaligen Kreis Guhrau, dem Lübchen früher angehörte, gibt es eine monatlich erscheinende »Heimatzeitung«. Bei der Durchsicht einiger Ausgaben stieß ich in der Rubrik »Jubilare« auf Anhieb auf die Namen von sieben Personen, die aus Lübchen stammten. Zu meiner Überraschung stellte sich heraus, dass einige Flüchtlinge, die im Februar 1945 im Erzgebirge angekommen waren, offensichtlich dort geblieben sind. Ein erster Kontakt war bald hergestellt. Und nachdem meine Gesprächspartner ihre anfängliche Scheu abgelegt hatten, entstand rasch ein intensiverer Gedankenaustausch, bis ich mich schließlich auf den Weg nach Neu-Oelsnitz machte. Dort lernte ich weitere Zeitzeugen kennen.

Bis Juli 2004 führte ich zahlreiche Gespräche mit über dreißig Personen, die den Treck aus Lübchen zumeist als Kinder oder Jugendliche selbst miterlebt haben. Manche Erinnerung war längst verblasst, manches schien nach der langen Zeit vergessen oder verdrängt, viele Details hätten nur die Alten erzählen können, die längst verstorben sind. Dennoch bemühten sich alle, ihren Teil beizutragen, den »Abschied von Lübchen« zu rekonstruieren. Sie erzählten bereitwillig von ihrem Leben in Schlesien, ihren Erinnerungen an die Flucht und dem, was geschah, als der Krieg zu Ende ging. Wie bei einem Puzzle fügten sich nun viele Teile zusammen – Gesichter, die auf den Fotos zu sehen sind, erhielten Namen, vage Vermutungen wurden bestätigt und viele Einzelschicksale gewannen Kontur.

Den Bildern von Hanns Tschira kam dabei eine ganz entscheidende Rolle zu, auch wenn von den letzten Etappen der Flucht keine Aufnahmen vorhanden sind. Die Fotografien waren nicht nur der Auslöser dafür, dass Erinnerungen wieder wach wurden, sondern sie halfen auch, eine in Jahrzehnten gewachsene Hemmschwelle zu überwinden. Tatsächlich hatten viele der Zeitzeugen, die ich im Laufe meiner Recherchen kennen gelernt habe, bis dahin nie mit Außenstehenden über ihre Fluchterlebnisse gesprochen. Lange war die Aufarbeitung dieses Kapitels der deutschen Geschichte tabu. Eine Auseinandersetzung mit der emotionalen Seite der Geschehnisse fand, wenn überhaupt, nur im Privaten statt.

Die hier veröffentlichten Bilder können dazu beitragen, dieser Auseinandersetzung mehr Raum zu verschaffen und einen traumatischen Ausschnitt des Kriegsgeschehens sichtbar zu machen. »Abschied von Lübchen« gibt den Beteiligten der »Großen Flucht« ein Gesicht und erinnert damit zugleich an das Schicksal von fünfzig Millionen Menschen, die zwischen 1939 und 1948 in Europa ihre Heimat verlassen mussten.

Geschichte einer Flucht

Fotograf von Kindesbeinen an

Hanns Tschira, der 1899 als zweites von sechs Kindern im elsässischen Mülhausen zur Welt kommt, begeistert sich schon früh für die Fotografie. Nach dem Tod des Vaters übernimmt er im Alter von nur fünfzehn Jahren den elterlichen Fotobetrieb in Lörrach; fortan sorgt er für den Unterhalt der Familie. Knapp zehn Jahre später zieht es ihn vom beschaulichen Baden hinaus in die große Welt. Er wird freier Bordfotograf der Reederei Norddeutscher Lloyd und bereist mit den Schiffen »Columbus«, »Bremen« und »Saarbrücken« die Weltmeere. 150 Mal überquert er den Atlantik und legt in elf Jahren über vier Millionen Seemeilen zurück. In dieser Zeit macht Hanns Tschira mehr als 100 000 Aufnahmen von den Menschen und dem Leben an Bord und von den vielen Städten und Ländern, die er bereist. Trotz seines Lebens auf See ist Tschira auch Familienmensch. 1922 heiratet er die aus Lörrach stammende Johanna Herbster, genannt Hanni. Ein Jahr später wird Tochter Elisabeth geboren, 1925 und 1926 folgen die Kinder Hanns Dietrich und Ursula. 1938 kommen die beiden »Nachzügler« zur Welt, die Zwillinge Wolf und Peter-Christian.

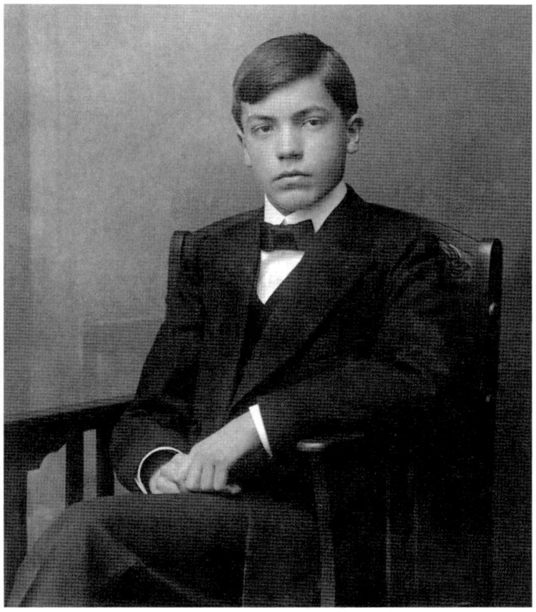

Hanns Tschira im Alter von fünfzehn Jahren.

Mit Beginn des Zweiten Weltkriegs am 1. September 1939 findet die Arbeit von Hanns Tschira als Bordfotograf ein jähes Ende, da die Passagierschifffahrt des Norddeutschen Lloyd wegen der politischen Entwicklungen eingestellt wird. Tschira, der sich Ende August mit der »Bremen« in New York aufhält, kehrt nach Deutschland zu seiner Familie zurück, die inzwischen in Bremen lebt. Dort übt er auch weiterhin seine Tätigkeit als freier Fotograf aus.

1941 siedelt er mit Ehefrau Hanni und den Kindern nach Berlin über, weil er sich in der Hauptstadt bessere berufliche Chancen erhofft. Gemeinsam mit seinem Freund Kurt Kloeppel gründet er den »Tschira Bilderdienst«. Innerhalb kurzer Zeit entsteht ein florierender Betrieb mit über zwanzig Mitarbeitern, der sich auf Laborarbeiten und den Vertrieb eigener Fotos spezialisiert, die an Zeitungen und Zeitschriften geliefert werden.

Menschen sind das bevorzugte Motiv des Fotografen.

Das Büro des »Tschira Bilderdienstes« in Berlin wird im Sommer 1943 ausgebombt.

Das Jahr 1943 markiert für die Familie einen tiefen Einschnitt. Hanns Dietrich wird im Alter von achtzehn Jahren zum Wehrdienst an der Ostfront eingezogen. An der Heimatfront in Berlin sind die Tschiras den Folgen des Luftkrieges ausgesetzt. Als im Sommer 1943 die Büroräume in Berlin-Steglitz bei einem Bombenangriff zerstört werden, beschließt Hanns Tschira, die Hauptstadt zumindest für die Dauer des Krieges zu verlassen. Seine Wahl fällt auf den niederschlesischen Ort Lübchen direkt an der Oder. Das mittlerweile auf 150 000 Bilder angewachsene Archiv, das den Angriff wie durch ein Wunder unbeschadet überstanden hat, wird per Schiff vorausgeschickt. Gemeinsam mit seiner Frau Hanni, der Tochter Elisabeth, den Zwillingen und einigen Mitarbeitern der Agentur besteigt der Fotograf den Zug nach Schlesien.

Ankunft in Lübchen

Der Kontrast zwischen dem ehemaligen Zuhause in Berlin und dem neuen Domizil könnte nicht größer sein: Lübchen zählt gerade einmal 500 Einwohner, die meisten von ihnen leben von der Schifffahrt. Ein beschauliches Örtchen mit einer Brennerei, zwei Bäckereien, einem Fleischer, zwei Gemischtwarenläden, zwei Mühlen, zwei Gasthäusern und einem Schloss, dem ein großer Gutshof mit Land- und Forstwirtschaft angegliedert ist. In einem Seitenflügel des herrschaftlichen Anwesens richtet Hanns Tschira sein Archiv und seine Bildagentur ein, die Familie bezieht ein leer stehendes Haus am Ortsrand. Wöchentlich liefert die Agentur dem Reichspropagandaministerium zwanzig Fotos aus der Umgebung, folkloristisch angehauchte Landschaftsaufnahmen, die den Frieden an der Heimatfront widerspiegeln sollen. Ein perfektes Idyll – und doch sind die Auswirkungen des Krieges auch hier spürbar. Fast alle wehrfähigen Männer des Ortes sind eingezogen, auf dem großen Gutshof verrichten so genannte Fremdarbeiter aus den besetzten Gebieten Zwangsarbeit. Aber das eigentliche Kriegsgeschehen ist weit weg, größere Sorgen wegen des Frontverlaufs macht sich in Lübchen kaum jemand. Schließlich ist Schlesien der »Luftschutzkeller des Reiches«.

Die Lage ändert sich im Herbst des Jahres 1944: Erste Gerüchte über das Vorrücken der Roten Armee in Richtung Westen machen die Runde. Nur wenige schenken diesen Meldungen Glauben. Eine, die die militärische Entwicklung richtig einschätzt, ist die im Schloss ansässige Gutsherrin Fricke, deren Sohn als Offizier an der Front ist. Anfang Januar 1945 schafft sie einige Kisten mit Wertgegenständen aus dem Schloss mit dem Zug nach Westen. Den Arbeitern, die die Kisten verladen, sagt sie, es seien Bilder und Möbel, die restauriert werden müssten. Hanns Tschira erfasst die Situation ebenfalls und schickt sein Archiv und einen großen Teil seiner Fotoausrüstung zu seiner Schwester an den Bodensee.

»Die Russen kommen!«

Am 19. Januar 1945 betreten russische Truppen erstmals schlesischen Boden. Nur einen Tag später fallen die Städte Kreuzburg und Rosenberg. Unaufhaltsam geht der sowjetische Vorstoß weiter in Richtung Oder. Galten Fluchtvorbereitungen bislang als Defätismus und Verrat, kann es auf einmal nicht schnell genug gehen. In Lübchen kursieren Gerüchte über eine bevorstehende Evakuierung des Ortes am 20. Januar. Der Lehrer macht Andeutungen, dass es bald losgehen könnte. Und tatsächlich: In der Nacht zum 21. Januar informiert der Nachtwächter einige der Bewohner, dass sie sich am nächsten Tag um neun Uhr auf dem Dorfplatz einzufinden hätten. Manche erfahren dagegen erst am Morgen von dem geplanten Abmarsch. So auch die Familie Tschira. Verena Stuntz, die Schwägerin von Hanns Tschira, die mit ihren beiden Töchtern Lieselotte und Gisela aus dem zerbombten Kaiserslautern nach Lübchen gekommen ist, schreibt über den überstürzten Aufbruch in ihr Tagebuch:

»Ein strahlend schöner Wintertag zog am 21.1. auf über Lübchen und wir freuten uns schon, dass wir mittags mit den Kindern an die Oder spazieren können, doch sollte alles anders kommen. Der Russe im Anmarsch, Frauen und Kinder müssen bis halb zwölf mittags mit dem Treck den Ort verlassen. Und nun begann ein Rennen und Jagen, denn die paar Stunden, die uns noch blieben, mussten genutzt werden.«

Von einem Abschied für immer ist freilich nicht die Rede, lediglich von einer »kurzfristigen Umquartierung«, um Platz für die Deutsche Wehrmacht zu schaffen, die in der nahe gelegenen Garnison in Köben stationiert ist. Auf Geheiß des Ortsgruppenleiters sollen einige Männer zurückbleiben, um das Dorf bis zur Übernahme durch die Wehrmacht »zu sichern«, die Tiere zu versorgen und im Ort nach dem Rechten zu sehen. Auch Hanns Tschira ist für diese Aufgabe vorgesehen.

In den frühen Morgenstunden des 21. Januar spielen sich in fast allen Lübchener Haushalten die gleichen Szenen ab: Frauen, die im Haus hin und her hasten, ihre Sachen zusammen suchen, sie auspacken, wieder einpacken. »Nur das Notwendigste« lautet die Direktive,

Proviant und Wäsche zum Wechseln, maximal dreißig Kilogramm pro Person, das muss reichen. Vieles wird vergessen, manches Wertvolle in hilfloser Eile notdürftig versteckt oder vergraben. »Der Schmuck und wichtige Papiere«, erinnert sich Christa Nietzold, die damals neun Jahre alt war, »wurden im Keller versteckt.«

Die Kinder haben ihre eigenen Vorstellungen davon, was mitgenommen werden soll. Die Tschira-Zwillinge wollen ihre Stoffhunde dabei haben. Peter, der Sohn von Hanns Tschiras langjähriger Mitarbeiterin Martha Maria Schmackeit, will seine Karl-May-Bücher einpacken und ist verzweifelt, als er sie zurücklassen muss. Christa Nietzold verstaut ihre Bilderbücher in ihrem Schulranzen – die Mutter holt sie kurzerhand wieder heraus.

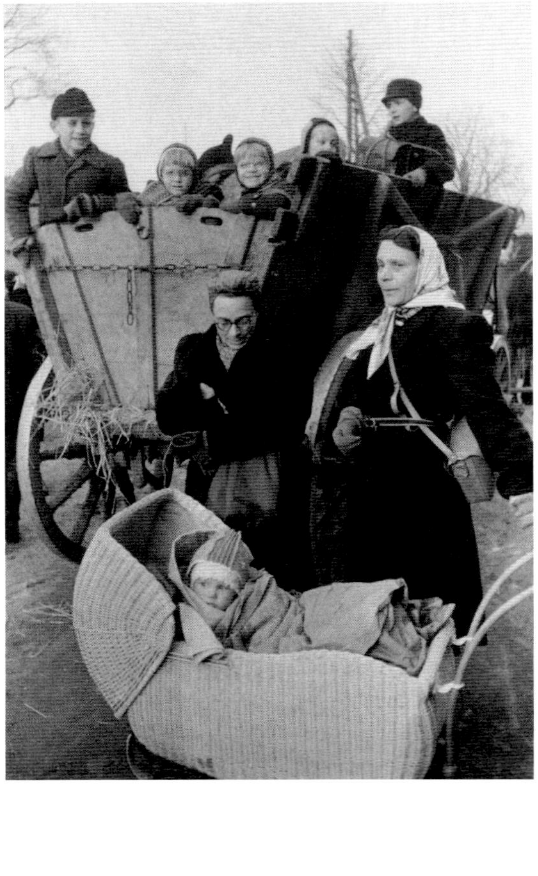

Aufbruch am 21. Januar 1945: Hanni Tschira (links) mit ihrer Schwägerin Verena Stuntz. Im Hintergrund Peter Schmackeit, die Tschira-Zwillinge und Lieselotte Stuntz. Im Kinderwagen sitzt Gisela Stuntz – sie ist erst fünfzehn Monate alt.

»Nimm etwas Sinnvolles mit!«, fordert sie. Schließlich sind es verschiedene Nahrungsmittel, Wurst und Speck, die in den Ranzen wandern. Auf ihren Lieblingsteddy will Christa allerdings nicht verzichten; sie versteckt ihn heimlich zwischen zwei Kissen.

Um Platz zu sparen, ziehen die Dorfbewohner mehrere Lagen Kleidung übereinander an. Ursel Holländer, damals vierzehn Jahre alt, erinnert sich noch genau, wie die Mutter ihr ein Kleidungsstück nach dem anderen überstülpt: erst eine Hose vom Vater, darüber zwei warme Wollkleider, an die Füße viel zu große Winterstiefel, die mit Wollstrümpfen ausgestopft werden. Das ist unbequem, hält aber warm – im klirrend kalten Januar des Jahres 1945 überlebenswichtig.

Um neun Uhr sammeln sich die Lübchener auf dem Marktplatz: 350 Menschen, unter ihnen 130 Kinder und Kleinkinder, stehen zum Abmarsch bereit. Doch es dauert noch zwei Stunden, bis sich der Treck formiert hat. Das größte Problem sind die mangelnden Transportmittel. In einem Ort, in dem der Großteil der Bewohner von der Schifffahrt lebt, gibt es nicht viele Kutschen. Leiterwagen, Fahrräder, ausrangierte Kinderwagen, alles, was Räder hat, wird beladen. Der Rest wird auf den zwölf Fuhrwerken, die vom Gutshof und den wenigen Bauernhöfen im Ort stammen, verstaut. Vereinzelt dürfen auch Alte und Kinder auf den Wagen Platz nehmen. Die einzige geschlossene Kutsche, ein alter Landauer, ist den Kranken vorbehalten.

Abschied von Lübchen

Um elf Uhr dreißig setzt sich der Treck in Bewegung. An den Bahngleisen entlang geht es zum drei Kilometer entfernten Fährübergang

Um elf Uhr dreißig verlässt der Treck Lübchen.

nach Köben. Hanns Tschira und die anderen Männer, die im Dorf zurückbleiben müssen, begleiten ihre Familien noch bis ans andere Ufer. »Schweren Herzens«, so schreibt der Fotograf später, »musste ich mich von meinen Lieben verabschieden.«

Es dauert lange, bis der gesamte Treck übergesetzt hat, da immer nur wenige Wagen auf der kleinen Holzfähre Platz haben und Treibeis die Überfahrt zusätzlich erschwert. Den Wartenden setzt an jenem Morgen aber nicht nur die Kälte zu. Sie haben Angst vor dem, was kommt, und sorgen sich um die Zurückbleibenden. Verena Stuntz schreibt in ihr Tagebuch:

»Schwer war der Abschied von allen, die noch bleiben mussten, schwer drückte uns die Last über die Ungewissheit. Was wird, wann kehren wir wieder und gelingt es, den Russen von der Heimat fern zu halten?«

Es gelingt nicht. Am 24. Januar 1945 liefern sich Angehörige der Roten Armee mit Soldaten der Deutschen Wehrmacht in Lübchen heftige Gefechte. Das Dorf wird stark zerstört, das Schloss dem Erdboden gleichgemacht. Den zurückgebliebenen Männern gelingt es gerade noch rechtzeitig, den Ort in der Nacht vom 23. auf den 24. Januar 1945 zu verlassen. Mit Holzkähnen überqueren sie die vereiste Oder, denn der Weg zur Fähre nach Köben ist bereits durch Kampfhandlungen versperrt. So schnell wie möglich schlagen sie sich vom Westufer Richtung Parchau durch, wo sich der Treck aus Lübchen inzwischen aufhalten soll.

Erste Anlaufstelle Parchau

Tatsächlich sind die Flüchtlinge am 24. Januar in Parchau eingetroffen – nach einem dreitägigen beschwerlichen Marsch, der einen ersten Vorgeschmack davon vermittelt, was ihnen noch bevorsteht: »Bepackt wie ein Lastesel«, so Verena Stuntz in ihrem Tagebuch, »mit Rucksack, Umhängetasche, Brotbeutel, Schlafteppich, Schulranzen«, fällt es schwer, Schritt zu halten. »Die Kinder weinten, es war gar so kalt...« Bei unter zwanzig Grad minus und eisigem Wind kämpft sich der Treck voran. Bewegung ist das Einzige, was hilft. Wer zu lange auf den Wagen sitzt, riskiert Unterkühlung. Die Kleinsten werden von ihren Müttern in Decken und Felle gepackt, um sie vor Erfrierungen zu schützen. Doch die Kälte ist unerbittlich, sie ist der ständige Begleiter der Flüchtlinge – selbst dann, wenn sie ein Dach über dem Kopf haben. In den ersten beiden Nächten sind es Massenunterkünfte, in denen die Flüchtlinge Unterschlupf finden, rasch leer geräumte Säle mit Stroh auf Zementboden, wie Verena Stuntz in ihr Tagebuch schreibt. »Hier bekamen wir eine Ahnung, was Massenquartier heißt, wie sehr man im Massenquartier frieren kann.« Umso wichtiger sind Gesten der Hilfsbereitschaft, »überall reichte man uns wärmende Getränke!«, erinnert sie sich dankbar.

In Parchau, vierzig Kilometer von der Oder entfernt, bietet man den Flüchtlingen aus Lübchen sogar Privatquartiere an. Fernand Proess, Sohn eines Luxemburgers, der mit seiner Familie nach Schlesien zwangsumgesiedelt wor-

Martha Maria Schmackeit (oben rechts im Bild) hilft beim Verladen des Gepäcks.

den war, findet mit seinen Eltern bei einer allein stehenden Frau Unterkunft. »Hier bekam ich den besten Kaninchenbraten meines Lebens«, erinnert sich der damals Fünfzehnjährige. »Die Frau, bei der wir unterkamen, ahnte wohl, dass sie selbst bald aufbrechen würde und schlachtete kurzerhand alle Kaninchen, die sie hatte. Es wurde ein Festmahl.«

Doch der kurzfristige Komfort kann nicht darüber hinwegtäuschen, wie ernst die Lage mittlerweile ist. Auf dem Weg nach Parchau ist immer wieder Gefechtslärm zu hören. Die Frage, die alle Flüchtlinge beschäftigt, lautet: Wie weit wird die russische Armee vordringen? Wird sie die für uneinnehmbar gehaltene Oder-Linie überschreiten? Wird man entgegen aller Beschwichtigungen die Heimat noch weiter hinter sich lassen müssen?

Die Antwort auf diese bangen Fragen kommt schnell – und sie ist eindeutig: Der Vormarsch der Roten Armee bringt den Krieg unerbittlich näher. Aus den Gebieten östlich der Oder ergießt sich ein ständig wachsender Flüchtlingsstrom in Richtung Westen. Innerhalb kurzer Zeit sind die Ortschaften westlich des Flusses hoffnungslos überfüllt.

Hanns Tschira, der am frühen Morgen des 26. Januar 1945 mit den anderen Männern zum Treck in Parchau stößt, macht sich über die dramatische Entwicklung an der Front keine Illusionen. Er drängt zum zügigen Weitermarsch, aber erst als Granaten in unmittelbarer Nähe des Ortes einschlagen, ist allen klar, dass tatsächlich Eile geboten ist.

In dieser Situation wenden sich die Bewohner von Lübchen an Hanns Tschira. Sie spüren, dass der Mann, der die halbe Welt bereist hat, der Einzige ist, dem sie sich anvertrauen können. Sie bitten ihn, den Treck auf seinem weiteren Weg anzuführen. Für den Fotografen ist das selbstverständlich: »Das Dorf hat so viel für mich getan, jetzt kann ich mich revanchieren«, soll er später gesagt haben. Fortan ist er es, der über die Geschicke der Flüchtlinge entscheidet.

Von Parchau nach Neu-Oelsnitz

Am Morgen des 27. Januar verlässt der Treck Parchau. In den kommenden vier Wochen wird er mehr als 350 Kilometer zurücklegen und dabei in über fünfzehn Orten Station machen. Der Weg führt über Bunzlau, Niesky, Bautzen, an Dresden vorbei nach Nossen und endet schließlich im Erzgebirge in dem kleinen Ort Neu-Oelsnitz. »In dieser Zeit«, so Eva Schneider, Anfang 1945 neun Jahre alt, »ging es ums nackte Überleben. Schritt für Schritt, Kilometer für Kilometer müde dem Wagen hinterher, nur nicht den Anschluss verlieren. Die Kälte ignorieren, die wund gelaufenen Füße, den Hunger. Geredet wurde nicht viel.«

»Mein einziges Interesse war, mein Kind durchzubringen«, erinnert sich Frieda Helbig, die als 27-Jährige beim Treck dabei war. Ihr Sohn ist im Februar 1945 dreizehn Monate alt. »Es war ja so kalt und die Kinder lagen stundenlang in den Kinderwagen. Wir konnten sie nicht wickeln, es gab nichts Warmes zu trinken, stillen konnten wir sie nicht. Das Einzige, was zählte, war, für die Nacht ein Dach über dem Kopf zu finden.«

Auf den diversen Etappen, die der Treck aus Lübchen zurücklegt, dienen meistens Massenunterkünfte als Nachtquartiere: Schulen, leer geräumte Kinos, die Lagerhalle einer Holzfabrik. Umso größer ist die Freude, wenn sich ab und an auch Privatquartiere finden. »Da war es dann besonders schön, weil wir uns einmal waschen konnten«, erinnert sich Irmgard Hampel, die damals zwölf Jahre alt war.

Wesentlichen Anteil an der Unterbringung der Flüchtlinge hat Martha Maria Schmackeit, die Mitarbeiterin von Hanns Tschira. Ihr Sohn Peter berichtet: »Jedes Mal, wenn es mit dem Treck weiterging, zog meine Mutter los, um für uns Quartiere zu suchen. Für mich war das schrecklich, weil ich Angst hatte, sie nicht wiederzusehen. Aber immer, wenn wir in einem Ort ankamen, war sie schon da und hatte etwas für uns organisiert.« In ihrem Fluchttagebuch, das in Fragmenten erhalten geblieben ist, hat Martha Maria Schmackeit einige Stationen des Trecks näher skizziert:

»In Lichtenwaldau fanden wir Quartier bei wahrhaft christlichen Menschen. Alle Wohltat ist selbstverständlich, ich fühle mich ihnen innig verbunden. Leider sollen wir schon morgen dieses Dorf wieder verlassen, um Platz zu schaffen für die scheinbar endlos nachziehenden Trecks. Tschira ist unermüdlich unterwegs, die Weiterreise zu organisieren. Wir sind oft in diesen Tagen und Stunden auf unsere eigene Kraft gestellt. Wir müssen uns selbst helfen und wir müssen den Willen haben, auch anderen zu helfen. Das Maß des Improvisierens nimmt ungeahnte Formen an: acht Zentner Quetschhafer! 227 Tassen Kaffee, Sirup, Töpfe! Schuhe – ohne! Der Strom der Zuwandernden auf den meist Schnee verwehten Straßen reißt nicht ab.

Tilllendorf, den 4. Februar
Wieder auf Quartiersuche. In diesem Dorf liegen vier Armee-Corps. Dennoch – wir fanden wieder ein Bett.

Freitag, den 9. Februar
Ankunft in Rauscha. Massenquartier in Rüstungsbetrieb. Hohes Holzwolle-Lager, defekter Ofen. Ziehharmonika.

Sonnabend, 10. Februar
Quartiermachen kurz nach Nieder Bielau. Es wird immer schwieriger. Heute die Straße sehr verstopft. Ein kleiner Junge wurde überfahren, 1½ Std. Aufenthalt. NSV-Versorgung schwierig, umständliche Markenwirtschaft. Heute und morgen kocht die Wehrmacht für uns. Russen bis Liegnitz, schwere Kämpfe um Festung Breslau. In Klein Gaffron, unserem ersten Quartier, sind die Sowjets eingedrungen. Im Gutshof haben sich Kämpfe abgespielt.«

Die sowjetischen Truppen sind den Flüchtlingen dicht auf den Fersen. Mit einem Abstand von nur wenigen Tagen marschieren sie in die Orte ein, in denen kurz zuvor der Treck aus Lübchen Halt gemacht hat – so am 30. Januar 1945 in Klein Gaffron und am 8. Februar in den Ortschaften Heerwegen, Kotzenau und Neuhammer. Am 11. Februar werden auch die Gemeinden Lichtenwaldau und Bunzlau okkupiert. Am 16. Februar fällt Rauscha in sowjetische Hände.

Das Vorrücken der Front geht in vielen Fällen einher mit völlig verspäteten Evakuierungsbefehlen für die betroffenen Ortschaften. Bis zuletzt verhindern Durchhaltedirektiven der ortsansässigen Parteifunktionäre einen geordneten und vor allem rechtzeitigen Aufbruch. Tausende Bewohner der damaligen deutschen Ostgebiete verlassen ihre Häuser und Wohnungen zu spät und geraten unter sowjetische Besatzung. Kritik wird, wenn überhaupt, nur hinter vorgehaltener Hand geäußert. »Wie ein Totenzug!«, so empfand Fernand Proess die Treckgemeinschaft. »Es hat sich keiner getraut, etwas zu sagen oder zu fragen. Denn wer am Endsieg zweifelte, galt als Hochverräter.«

Den Menschen aus Lübchen, die bereits weiter in Richtung Westen marschiert und so den russischen Truppen immer einen Schritt vo-

Hunderttausende befinden sich im Februar 1945 auf der Flucht vor der Roten Armee.

raus sind, bleibt das Schicksal vieler Flüchtlinge erspart. Von den Gräueltaten und gewaltsamen Übergriffen, die in diesen Wochen vielerorts stattfinden, erfahren sie erst später. Dennoch ist die Lage im Treck kritisch, vor allem für die Kinder. Anfang Februar erkranken die Tschira-Zwillinge an einer schweren Lungenentzündung. Auch ihrer Cousine Gisela geht es sehr schlecht. Verena Stuntz protokolliert die Krankheit ihrer Tochter in ihrem Fluchttagebuch:

»14.2. Mittagessen Sauerkraut, Gisela unheimlich gegessen, darauf Spulwürmer abgegangen. 16.2. Arzt, Gisela schwere Bronchitis, seit dem 15. nichts mehr gegessen außer Tee getrunken, immer Durchfall, Gisela schwer erkrankt, sehe schwarz... immerfort vierzig Grad Fieber. Sie trinkt kaum noch etwas, bin so allein mit meiner Angst und selbst sehr erkältet. 20.2. Wenn ich Gisela anrühre, schreit sie. Was mag ihr nur fehlen. 21.2. Gisela Lungenentzündung. Die Nasenflügel beben.«

Wolf und Peter-Christian überleben, nicht so das fünfzehn Monate alte Mädchen:

»Gisela ist nicht mehr, schon abends sah ich, dass das Ende nahe ist und morgens um halb sechs ist unser Sonnenscheinchen gestorben. Noch einmal schlug sie die Äuglein auf und hatte klare Augen, mit Mama auf den Lippen ist sie von uns gegangen.«

Auch die Alten stellen den Treck vor große Probleme. In Bautzen werden einige von ihnen, die nicht mehr transportfähig sind, in einem Pflegeheim zurückgelassen. Dennoch sind Tod und Krankheit weiterhin ständige Begleiter. »Dreißig Kinder mit Fieber«, notiert Martha Maria Schmackeit am 15. Februar in ihr Fluchttagebuch. Eine Gemeindekrankenschwester kümmert sich, so gut es geht, um die Kranken, vereinzelt behandeln Ärzte vor Ort die Flüchtlinge. Für ausgiebige Pflege bleibt keine Zeit. Der Treck muss weiter, denn Tausende von Flüchtlingen strömen täglich in die überfüllte Stadt.

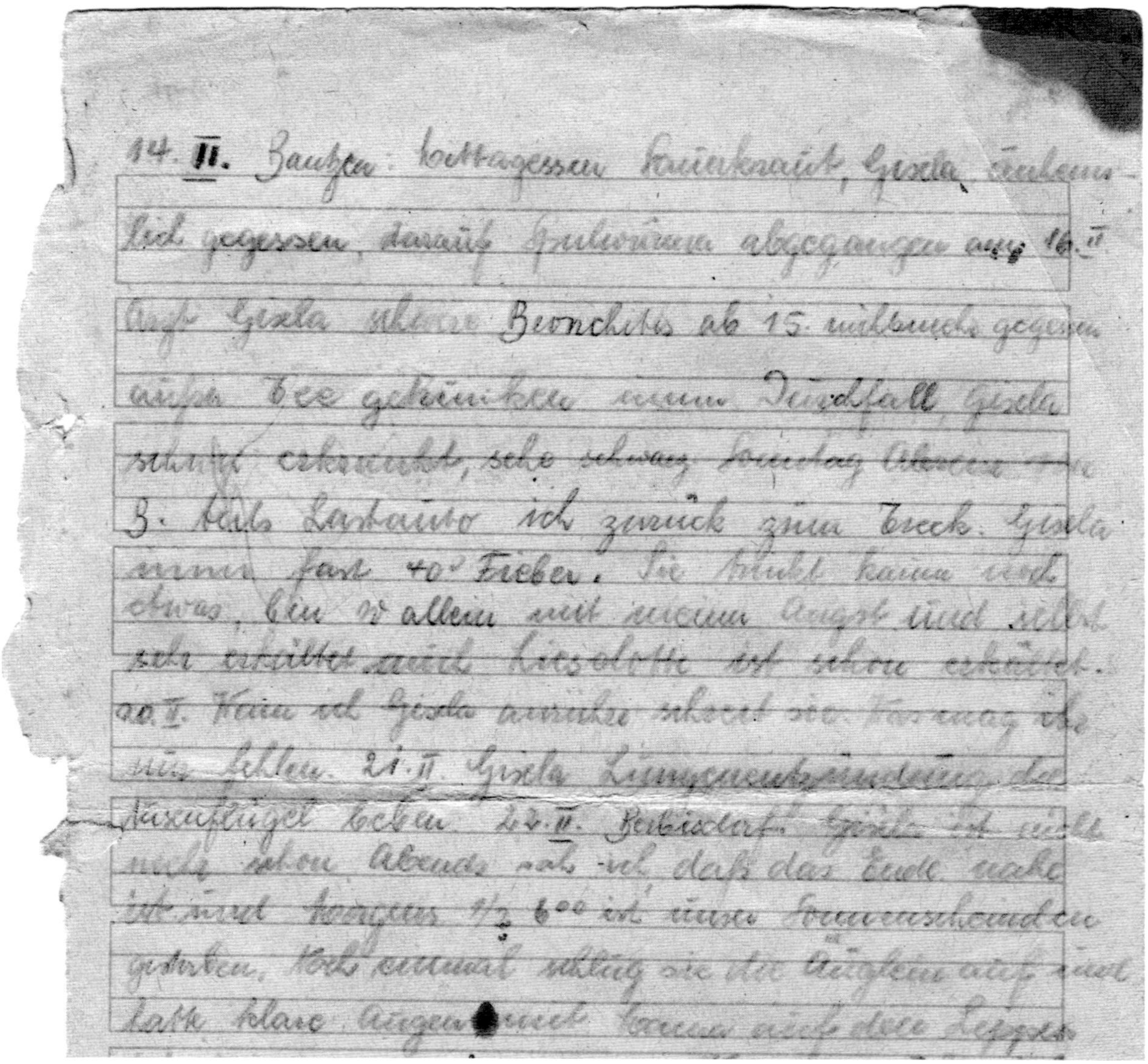
14. II. Bautzen: Mittagessen Sauerkraut, Gisela [illegible]
[illegible] gegessen, darauf [illegible] abgegangen am 16. II
[illegible] Gisela kleine Bronchitis ab 15. [illegible] gegessen
[illegible] Tee getrunken [illegible] Durchfall, Gisela
[illegible] [illegible], sehr schwach. Sonntag Abend [illegible]
[illegible] [illegible] [illegible] ich zurück zum Treck. Gisela
immer fast 40° Fieber. Sie trinkt kaum noch
etwas. Bin so allein mit meiner Angst und selbst
sehr erkältet, auch Liselotte ist schon erkrankt.
20. II. [illegible] Gisela [illegible] [illegible] [illegible] [illegible]
[illegible] [illegible]. 21. II. Gisela Lungenentzündung, die
Nasenflügel beben. 22. II. [illegible]. Gisela ist [illegible]
[illegible] schon Abends sah ich daß das Ende nahe
ist und morgens 1/2 6°° ist unser Sonnenscheinchen
gestorben, noch einmal schlug sie die Äuglein auf und
hatte klare Augen und [illegible] auf den Lippen

In Fragmenten erhalten: Das Fluchttagebuch von Verena Stuntz, der Schwägerin von Hanns Tschira.

Gefahr aus der Luft

Seit Anfang Februar herrscht Tauwetter. Die Hauptstraßen sind frei von Eis und Schnee, aber die Nebenstrecken und Feldwege, die vielfach benutzt werden, sind völlig aufgeweicht. Einsetzender Regen verschlechtert die Situation. Die Kampfhandlungen erschweren die Routenplanung zusätzlich. Von Bautzen aus, wo der Treck bis zum 16. Februar verweilt, führt ein möglicher Weg in den Westen über die Innenstadt von Dresden, doch nach dem verheerenden Bombenangriff in der Nacht vom 13. auf den 14. Februar ist der Weg dorthin versperrt. Vom Ausmaß der Katastrophe, die sich nur wenige Kilometer entfernt von ihnen abgespielt hat, haben die Flüchtlinge keine Vorstellung: »Wir hatten ja keine Ahnung, was da passiert war«, erinnert sich Helmut Wachs. »Was wir sahen, war ein glühend roter Himmel. Wir dachten erst, es sei irgendein spektakuläres Naturphänomen. Später haben wir dann gehört, was geschehen war. Wären wir ein paar Tage früher dran gewesen, hätten uns die Bomben wahrscheinlich auch erwischt.«

So schnell wie möglich weg von Dresden, lautet die Direktive, die Hanns Tschira ausgibt. Der Treck schlägt einen Umweg nördlich des bombardierten Zentrums ein. Die Atmosphäre ist gespannt, da die Route durch den Stadtteil Klotzsche führt, wo sich ein Flugplatz befindet. Den Flüchtlingen ist klar, dass die Gefahr fortan vor allem aus der Luft droht, denn Industriestätten und Verkehrswege sind das erklärte Ziel der alliierten Fliegerstaffeln. War es bislang die Angst vor den Russen, ist es nun die Furcht vor den Luftangriffen und Tieffliegern der Briten und Amerikaner, die die Flüchtlinge vorantreibt.

»Eines Tages«, erinnert sich Christa Nietzold, »hat es uns dann tatsächlich beinahe erwischt. Wo genau, weiß ich nicht mehr, aber es war irgendwo in der Nähe von Dresden, direkt an der Elbe. Wir waren für eine Nacht in einem Lagerhaus untergebracht. Ich schaute aus dem Fenster und dann sah ich sie: Bomben, die vom Himmel herunterfielen und wie brennende Tannenbäume aussahen. Erst war es ganz still, dann ging es plötzlich los. Unsere Unterkunft wurde zwar nicht getroffen, aber wir hörten die Schreie, die von weiter weg zu uns durchdrangen.«

Die nächste Station nach Klotzsche ist die westlich von Dresden gelegene Kleinstadt Nossen, die noch über einen funktionierenden Bahnanschluss verfügt. Wie in allen anderen sächsischen Städten, die in diesen Wochen den durchziehenden Flüchtlingsströmen als Anlaufstelle dienen, herrschen auch hier chaotische Zustände. Martha Maria Schmackeit notiert in ihrem Tagebuch:

»Sonntag, den 18. Februar
Wir sind in Nossen. Niemand weiß etwas von unserer Ankunft. Man will uns nicht aufnehmen. Aber wir bleiben auf der Straße stehen – und fanden doch wieder Unterkunft. Ich habe Gott gedankt. Auch Milch und eine dünne Brotsuppe gab es heute Abend. Nun ruhen schon alle im Kindergarten, die andere Hälfte im Kino zwischen den Sitzreihen.«

Die Flüchtlinge aus Lübchen sind erschöpft. Fast vier Wochen dauert ihre Flucht nun schon, und noch immer ist kein Ende abzusehen. In dieser Situation ist es abermals Hanns Tschira, der die Geschicke des Trecks in die richtige Richtung lenkt. Es gelingt ihm, einen Weitertransport mit der Bahn zu organisieren. In Nossen werden zwei Waggons an einen regulären Personenzug in Richtung Chemnitz angehängt: »Unser Endziel steht fest. Wir sollen nach Neu-Oelsnitz, große Freude«, notiert Martha Maria Schmackeit in ihr Tagebuch. Wie es dem Fotografen gelingt, die Bahnfahrt zu arrangieren, und warum die Wahl ausgerechnet auf die Ortschaft im Erzgebirge fällt, erfahren wir leider nicht.

Die eigentlich kurze Strecke zwischen Nossen und Neu-Oelsnitz, die nur sechzig Kilometer beträgt, entwickelt sich zu einer erneuten Belastungsprobe. Peter Schmackeit hat seine Erinnerungen zusammengefasst:

»Zwischen Nossen und Neu-Oelsnitz bei Oelsnitz in Sachsen wurde der Treck endlich mit einem Sonderzug weiter nach Westen transportiert, musste aber immer wieder umrangiert werden wegen der Militär- und Verwundetentransporte. In einer Nacht hielt der Zug vor einem Dorf, das gänzlich in Flammen stand. Wir mussten alle aussteigen und versuchten, in der Dunkelheit zu Fuß den anderen Ortsrand des Dorfes zu erreichen. Wie man uns erzählte, hatte tagsüber ein Tiefflieger einen im Bahnhof haltenden Munitionszug beschossen oder bombardiert. Dieser war im Laufe des Tages Waggon für Waggon explodiert. Der ganze Ort geriet dadurch in Brand, große Teile der tödlichen Fracht wurden durch die andauernden Explosionen durch die Luft in die brennenden Häuser geschleudert, und die Granaten explodierten dann dort in der Hitze der Flammen. Ein gespenstischer Marsch durch die glühenden Häuser! In einem eingestürzten Keller glühten mit hellblau wabernden Geisterflammen gespenstisch die eingelagerten Kohlevorräte, angesengte Tiere rannten umher, nur wenige Menschen waren zu sehen. Wir hatten Angst, und uns war unheimlich zu Mute.

Auf der anderen Seite des Ortes stand ein Ersatzzug bereit, mit dem wir die Fahrt fortsetzten. Dieser wurde am folgenden Morgen während der Fahrt trotz der am Zugende mitgeführten beiden Flakwagen von Tieffliegern mit Leuchtspurmunition beschossen. Der Angriff galt der Lokomotive. Im Abteil vor uns (wir befanden uns im ersten Waggon, im zweiten Abteil für Reisende mit Traglasten) wurden zwei Panzersoldaten tödlich getroffen, die auf Urlaub fuhren; der Lokführer starb auf seinem Führerstand, die E-Lok fiel aus. Ich saß in der Mitte dieses Doppelabteils rittlings auf einem hochgestellten Koffer vor Herrn Tschira und sah plötzlich die Leuchtmunition am Fenster vorüberfliegen. Bei der folgenden Vollbremsung des Zuges stürzte ich hinterrücks zu Bo-

Erstes Quartier in Neu-Oelsnitz: die örtliche Grundschule.

Ansicht von Oelsnitz im Erzgebirge in den vierziger Jahren.

den, der Koffer landete auf mir, und über allem lag der kräftige Hanns Tschira.

Der allgemeine Aufschrei ›Tiefflieger‹ löste bei mir einen schon antrainierten Reflex aus: Ich befreite mich mit Mühe von der ungewohnten Last, riss die Abteiltür auf und sprang aus dem Wagen. Doch ich war nicht auf die meterhohe Bahndammböschung gefasst, die ich nun hinunterstolperte, und schließlich landete ich bäuchlings auf einer Wiese.

In Todesangst vor einem zweiten Tieffliegerangriff verkroch ich mich unter ein Weidengebüsch und krallte meine Finger tief in die Grasnarbe. Durch die dichten Zweige konnte ich Frau Tschira erkennen, die unter jedem Arm einen ihrer Zwillinge schleppte und versuchte, dem Zug zu entsteigen. Sie übersah die hohe Böschung und fiel Hals über Kopf mit ihren beiden Kindern in die Tiefe, wo sie ebenfalls nicht weit von mir liegen blieb. Doch es erfolgte kein zweiter Angriff.«

Ankunft im Erzgebirge

Es ist der 20. Februar 1945. Nach zweitägiger Zugfahrt erreichen die Menschen aus Lübchen ihr Ziel, Neu-Oelsnitz, einen Ortsteil der Stadt Oelsnitz, die etwa zwanzig Kilometer westlich von Chemnitz liegt. Die Waggons mit den Flüchtlingen werden abgekoppelt und auf einem Seitengleis abgestellt, bis geeignete Quartiere gefunden sind. Die Lage vor Ort ist entmutigend. Neu-Oelsnitz, das im Jahr 1945 knapp 5000 Einwohner zählt, hat bereits einige hundert Personen aus den damaligen Ostgebieten aufgenommen. Die Versorgung zusätzlicher Trecks stellt die Gemeinde vor große Probleme, da die Kapazitäten bereits erschöpft sind. Für die ersten Nächte kommen die Neuankömmlinge noch in der örtlichen Grundschule unter, danach, so die behördliche Anordnung, sollen Privatleute die Flüchtlinge aufnehmen.

Schon bald finden sich die ersten Bürger vor der Schule ein, um sich »ihre« Flüchtlinge auszusuchen. Die Verteilung gerät für manche Familie zum Spießrutenlauf: »Alle, die kleine Kinder hatten, wurden erst mal stehen gelassen. Wer nach einer guten Arbeitskraft aussah, hatte die besten Karten«, erinnert sich Christa Nietzold, die mit ihrer kleinen Schwester, der Mutter und der Großmutter zu den Letzten gehört, die unterkommen.

Die Quartiere, die den Flüchtlingen zugewiesen werden, sind bescheiden. In der Regel steht nicht genug Platz zur Verfügung, man haust auf engstem Raum. Es gibt so gut wie keine Lebensmittel, und wenn überhaupt, dann nur über Karten. »Zum Tauschen hatten wir ja nichts«, erzählt Ursel Holländer. »Wir standen mit nichts in der Hand da.« Mehr Glück haben die, die eine Arbeit finden, etwa bei den Bauern aus der Umgebung, denn bezahlt wird in Naturalien. Doch aller Entbehrungen und Schwierigkeiten zum Trotz: Die Menschen aus Lübchen sind froh, dass die Wochen der Flucht erst einmal vorbei sind.

Krieg in Neu-Oelsnitz

Die Region um Neu-Oelsnitz hat freilich ihr eigenes Los zu tragen, denn der Vormarsch der Alliierten macht auch vor dem Erzgebirge nicht Halt. Nach den Bombardierungen von Dresden und Chemnitz im Februar 1945 rücken nun auch amerikanische Bodentruppen vor. Im April erreichen sie den Kreis Stollberg, dem die Stadt Oelsnitz angehört. Eilig wird ein letztes Aufgebot rekrutiert. Auch zwei Männer aus Lübchen werden zum »Volkssturm« eingezogen: Der Landarbeiter Gustav Förster und der frühere Bäcker des Ortes, Johannes Beschorner.

Irmgard Hampel, die mit ihrer Schwester und ihrer Mutter ebenfalls in Neu-Oelsnitz untergekommen ist, erinnert sich gut an die bedrohliche Stimmung, die im Frühjahr 1945 in Oelsnitz und Umgebung herrscht: »Eines Tages ging ich mit einer Freundin zum Einkaufen, da schlug in unmittelbarer Nähe ohne jede Vorwarnung Munition ein. Wir hatten Glück, dass wir nicht getroffen wurden, denn die Kugeln flogen buchstäblich an unseren Köpfen vorbei. So nah«, berichtet sie, »war mir der Krieg noch nie!«

Die Kampfhandlungen, denen auch ein elfjähriges Mädchen aus Lübchen zum Opfer fällt, dauern bis Anfang Mai. Gleichzeitig treffen unentwegt Flüchtlinge ein, die notdürftig untergebracht werden müssen. Für die Ortschaften der Region eine kaum zu bewältigende Aufgabe. Die Behörden sind froh über jeden, der die Gegend verlässt. Die Familie Tschira etwa gehört zu denen, die so schnell wie möglich weiter wollen. Ihr Ziel heißt Reichenau am Bodensee. Dort lebt die Schwester von Hanns Tschira, dorthin hat der Fotograf Anfang Januar 1945 sein Archiv verschickt, dort will sich die Familie, die in den letzten Kriegsmonaten in alle Winde verstreut worden ist, wieder treffen.

Bereits Anfang März ist es so weit: Die Zwillinge haben sich von ihrer Lungenentzündung weitgehend erholt und sind wieder transportfähig. Mit viel Improvisationstalent gelingt es Hanns Tschira, einen LKW zu organisieren, der ihn mit seiner Familie, Martha Maria Schmackeit und deren Sohn Peter an den Bodensee bringt. Den Abschied von »seinen« Leuten aus Lübchen begeht er ohne Wehmut. »Ich wollte euch an einen Ort bringen, wo ihr bleiben könnt«, hat er gesagt. Das hat er getan. Der Abschied in Neu-Oelsnitz ist ein Abschied für immer.

Tatsächlich werden die Tschiras am Bodensee alle ihre Kinder wiedersehen: Hanns Dietrich, der schwer verletzt von der Ostfront heimkehrt, Ursula, die als Flakhelferin bei Wien stationiert war, und Elisabeth, die Lübchen im Januar 1945 mit einem Mitarbeiter der Agentur auf eigene Faust verlassen hatte. Sie können es kaum glauben, dass alle den Krieg überlebt haben.

Versuchte Rückkehr

Auch andere Flüchtlinge aus Lübchen zieht es zu Verwandten weiter in den Westen. Der Großteil der Dorfbewohner bleibt allerdings im Erzgebirge, will nicht zu weit weg von der Heimat. Das Ende der Kampfhandlungen und die Kapitulation des Deutschen Reichs verknüpfen viele mit dem Wunsch, bald wieder nach Schlesien zurückzukehren. Doch die Hoffnung erfüllt sich nicht. Eine Gruppe aus Lübchen, die sich Ende Mai 1945 auf den Weg nach Hause macht, kommt nicht über Görlitz hinaus, da die sowjetische Armee Anfang Juli alle Zugänge in Richtung Osten abriegelt.

Für die Gebiete westlich der Neiße hat dies dramatische Folgen: Tausende von Flüchtlingen drängen sich auf engstem Raum, die allgemeine Versorgungslage ist schlecht, die Zukunft ungewiss. Christa Nietzold, ihre Mutter Elfriede, die kleine Schwester und die damals 52-jährige Großmutter Ida landen in behelfsmäßigen Massenunterkünften in Bautzen. Die ebenfalls aus Lübchen stammende Frieda Helbig kommt mit ihrem kleinen Sohn auf einem Bauernhof unter. Die hygienischen Bedingungen sind katastrophal, als Quartier dient ein Schweinestall. Das Kind wird sich nicht mehr von den Strapazen erholen und einige Monate später sterben, keine zwei Jahre alt.

Bombenschäden in Neu-Oelsnitz nach Beschuss durch amerikanische Soldaten im April 1945.

Ingeborg Mauersberger, deren Vater Gustav als Angehöriger des »Volkssturms« in Gefangenschaft geraten ist, findet gemeinsam mit ihrer Mutter Berta in einer heruntergekommenen Scheune in der Nähe von Görlitz Unterschlupf. »Nachts kamen Soldaten und holten sich die Frauen«, erinnert sich die damals Neunjährige. »Meine Mutter klammerte sich an mich und legte sich meine langen Zöpfe so über die Schulter, als seien es ihre. Da sie klein gewachsen war, sah sie aus wie ein Mädchen. Sie hatte Glück, sie wurde nie geholt.«

Christa Nietzold erinnert sich an ähnliche Situationen, die sie als Kind nicht richtig einordnen konnte. »Eines Tages kam uns eine Gruppe von Frauen entgegen, die lediglich mit Unterröcken bekleidet waren. Von weitem sah es für mich aus, als trügen sie elegante Kleider mit Spitzen und schimmerndem Stoff, erst aus der Nähe erkannte ich ihre zerschlagenen Gesichter und die blutunterlaufenen Augen. Ich habe nicht verstanden, was da passiert war, und habe mich immer nur gewundert, warum sich alle Frauen um mich herum die Gesichter mit Dreck beschmierten und alles dafür taten, hässlich auszusehen. Erst viel später habe ich begriffen, was die Frauen durchgemacht haben.«

Zurück im Erzgebirge

Nach der Konferenz der Siegermächte in Potsdam Anfang August 1945 kristallisiert sich heraus, dass der Rückweg in die Gebiete östlich der Oder-Neiße-Linie auch auf Dauer verwehrt bleiben wird. Berta Förster entscheidet

Der Kaiserin-Augusta-Schacht in Neu-Oelsnitz.

sich schließlich, mit ihrer Tochter Ingeborg nach Neu-Oelsnitz zurückzukehren. Von Görlitz aus brechen sie nach Dresden auf in der Hoffnung, mit dem Zug weiter Richtung Erzgebirge fahren zu können. Ingeborg Mauersberger erinnert sich noch gut an die gespenstische Stimmung in der zerstörten Stadt:

»Es herrschte Ausgangssperre und eigentlich durften wir nicht auf der Straße unterwegs sein, aber wir mussten unbedingt um Mitternacht am Bahnhof sein, weil da ein Zug gehen sollte. Also versuchten wir, uns so vorsichtig wie möglich dem Bahnhof zu nähern. Auf einmal brach der Handwagen zusammen, auf dem wir unser Gepäck verstaut hatten. Meine Mutter wollte auf keinen Fall ohne unsere Sachen weiter und eilte zurück zu dem Quartier, in dem wir die Nacht zuvor untergekommen waren, um Hilfe zu holen. Ich sollte bei den Sachen bleiben und mich nicht von der Stelle rühren.

Als meine Mutter nach zwei Stunden immer noch nicht da war, wurde ich unruhig. Schließlich hielt ich es nicht mehr aus. Ich ließ unseren Wagen wo er war und ging alleine zum Bahnhof. Dort herrschte ein heilloses Durcheinander, viel zu viele Menschen drängten zum Zug, der hoffnungslos überfüllt war. Ich suchte verzweifelt nach meiner Mutter. Es war schrecklich, niemand konnte mir helfen. Zu guter Letzt kam ich bei einem Schaffner vorbei. Es ist kaum zu glauben, aber er sagte mir, dass gerade eine Frau da gewesen sei, die ihre Tochter suchte. In diesem Moment erblickte ich meine Mutter, die aussah, als sei sie in den zurückliegenden Stunden um Jahre gealtert. Es war ein Wunder, dass wir uns wiedergefunden haben!«

Auch die Mutter von Christa Nietzold entscheidet sich für die Rückkehr nach Neu-Oelsnitz. »Wo sollten wir denn sonst hin?«, lautet

Der Fährübergang bei Köben, heute Chobienia, im Sommer 1993: Hier setzte der Treck aus Lübchen im Januar 1945 über.

ihr lakonischer Kommentar. Im September 1945 sind sie wieder zurück im Erzgebirge. Sie können bei derselben Familie einziehen, bei der sie nach ihrer Ankunft im Februar untergekommen waren. Doch mit dem Dach über dem Kopf sind die Probleme nicht gelöst. »Wir hatten Hunger, aber nichts zu essen«, erinnert sich Christa Nietzold. »Die Flüchtlinge, die den Sommer über hier geblieben waren, hatten sich so gut es ging mit Kartoffelvorräten eingedeckt. Die, die im Sommer nochmals in Richtung Osten aufgebrochen waren, hatten weniger als nichts. Eine harte Zeit begann, in der wir manchmal dem Verhungern nahe waren.«

Besuch in Lubów

Das Dasein in der neuen Heimat, die inzwischen »Sowjetisch Besetzte Zone« heißt, wird zum Überlebenskampf. Glück haben die, die sich beruflich eingliedern können, wie zum Beispiel in der nach dem Krieg expandierenden sächsischen Bergbau-Industrie. Manche kommen in kleinen örtlichen Betrieben unter wie Johannes Beschorner, der nach seiner Rückkehr aus der Gefangenschaft wieder als Bäcker arbeiten kann. Doch viele bleiben über Jahre auf Lebensmittelzuweisungen und Notunterkünfte der Gemeinde angewiesen.

Die alte Heimat sehen nur die Jüngeren wieder. Die Ersten, wie zum Beispiel Helmut Wachs, reisen in den siebziger Jahren. Christa Nietzold fährt im Sommer 1993 gemeinsam mit ihrem Sohn Peter zum ersten Mal nach Lübchen, das inzwischen Lubów heißt. Beim Anblick ihres alten Dorfes werden viele Erinnerungen wach: »Hier war die Stelle, wo wir Schlitten gefahren sind, hier stand das Gasthaus, hier haben wir gewohnt.« Einige der alten Häuser stehen noch, manche sind in schlechtem Zustand, andere wiederum sind liebevoll in Stand gesetzt.

Einige Anwohner beargwöhnen die Fremden kritisch, die sich so neugierig im Dorf umsehen. Andere suchen vorsichtig das Gespräch. Christa Nietzolds Sohn, der Russisch spricht, erzählt jungen Polinnen vom überstürzten Aufbruch, damals, im Januar 1945, als jeder dachte, es sei nur ein Abschied für kurze Zeit. Dann schildern die neuen Bewohner von Lubów ihre Geschichte und die ihrer Eltern, die einst aus Galizien kamen. Auch sie mussten ihre Heimat verlassen, damals, nach dem Krieg. Doch das ist alles schon lange her.

Zum Abschied schenken die jungen Frauen den Unbekannten aus Deutschland Blumen aus dem Garten. Zurück im Erzgebirge sind sie längst verwelkt, aber Christa Nietzold behält sie trotzdem – zur Erinnerung. Einige Jahre später ist sie es, die in Neu-Oelsnitz Sachspenden sammelt, die in geliehenen Pkws nach Lubów gebracht werden.

Auch Wolf und Peter-Christian Tschira, die Zwillingssöhne, die die Flucht als Sechsjährige mitgemacht haben, zieht es zu dem kleinen Dorf zurück, in dem sie nur eineinhalb Jahre gelebt haben. Die Erinnerungen sind schwach, »wir waren einfach zu jung damals«, resümiert Wolf Tschira, aber die Umgebung wirkt dennoch vertraut. »Vielleicht liegt das an den vielen Fotos, mit denen wir groß geworden sind!«

Die Fotos, die bei so vielen, die für dieses Buch befragt wurden, Erinnerungen lebendig werden ließen, sind auch für die Tschira-Brüder ein wichtiger Schlüssel zur Vergangenheit. »Unsere Eltern können wir ja nicht mehr fragen!«, sagt Peter-Christian. »Es haben sich so viele Leute bei unserem Vater bedankt. Bis in die fünfziger Jahre hinein kamen Briefe. Lange wussten wir gar nicht so genau, wofür all diese Menschen Danke gesagt haben.« Sechzig Jahre nach der Flucht, nach vielen Gesprächen mit früheren Bewohnern aus Lübchen, die auf dem Treck dabei waren, verstehen sie. »Ohne unseren Vater«, so Wolf Tschira, »hätten es viele wohl nicht geschafft. Heute wissen wir: Wir selber mit Sicherheit auch nicht!«

Hanns Tschira stirbt im Alter von 58 Jahren in Baden-Baden. Er hinterlässt ein Bildarchiv mit 200000 Aufnahmen. Das Foto stammt von Martha Maria Schmackeit.

Am Morgen des 21. Januar 1945 vor dem Haus der Familie Tschira am Ortsrand von Lübchen. Das Gepäck steht schon bereit. Pro Person dreißig Kilogramm, mehr ist nicht erlaubt.

Letztes Gruppenbild (von links nach rechts): Verena Sturtz, Hanni und Elisabeth Tschira, Martha Maria Schmackeit, Lieselotte Stuntz, die Tschira-Zwillinge Peter-Christian und Wolf sowie Peter Schmackeit.

»Das war unser Auszug aus dem kleinen Haus in Niederschlesien, das uns eineinhalb Jahre lang ein ruhiges Unterkommen gewährt hatte.«

Hanns Tschira

Um neun Uhr verlässt die Familie Tschira das Haus. Im Kinderwagen liegt Gisela Stuntz, die kleine Nichte von Hanns Tschira.

»Innerhalb von drei Stunden mussten wir weg. 350 Menschen, 12 Gespanne, 120 Kleinkinder, nur alte kranke Leute und kleine Kinder durften auf den Wagen sitzen.«

Hanns Tschira

Auf dem Dorfplatz sammeln sich die Bewohner von Lübchen.

Hanns Tschira, aufgenommen von seiner Mitarbeiterin Martha Maria Schmackeit, dokumentiert den Aufbruch.

Da es nicht genügend Fuhrwerke und Kutschen gibt, müssen auch Kinderwagen als Transportmittel herhalten.

Gustav Hoffmann, Jahrgang 1882, am Tag des Abschieds. Sein Leben lang hat er in der Schafzucht gearbeitet.

Hanns Tschira hilft zwei älteren Flüchtlingen beim Besteigen des offenen Wagens. Das Foto wurde von Martha Maria Schmackeit aufgenommen.

»Großmutter und Enkelkind auf dem Treck. Die alte Frau, die noch nie aus ihrem Dorf herausgekommen war, ergibt sich stoisch in das Schicksal, das sie nicht begreifen kann.«

Hanns Tschira

Es dauert zwei Stunden, bis sich der Treck formiert hat. Viele Pferde sind nervös, weil sie noch nie als Kutschpferde eingesetzt worden sind.

Das Stroh wird nur einige Tage als Futtervorrat reichen. So lange schützt es die Kinder vor der Kälte.

»Bevor das Dorf völlig geräumt wurde, galt es, unsere Frauen und Kinder und die alten Leute in Sicherheit zu bringen. Alle Männer, soweit sie nicht vom ›Volkssturm‹ erfasst wurden oder sonst eine Funktion hatten, mussten bis zur endgültigen Räumung im Orte bleiben. So musste ich mich schweren Herzens von meinen Lieben verabschieden.«

Hanns Tschira

Das Foto wurde von Martha Maria Schmackeit aufgenommen.

Kurz vor dem Start erhalten die Kinder ein letztes warmes Getränk. Dann geht es los.

Peter (links), der elfjährige Sohn von Martha Maria Schmackeit, und die Zwillinge Peter-Christian und Wolf Tschira betrachten das Geschehen noch als großes Abenteuer.

»Hier begann der Auszug aus dem kleinen niederschlesischen Dorfe, das uns Unterkunft gewährt hatte.«

Hanns Tschira

Der Treck setzt sich um elf Uhr dreißig in Bewegung.

»Das Bild zeigt im Vordergrunde links meine Frau und rechts meine Schwägerin, die sich, ausgebombt in Kaiserslautern, zu uns nach Schlesien begeben hatte. In der Mitte meine langjährige Mitarbeiterin Frau Schmackeit, die mich auf dem Treck unterstützte.«

Hanns Tschira

Die ersten Kilometer dürfen die Kinder noch auf den Wagen mitfahren, dann müssen auch sie absteigen, um die Zugtiere zu entlasten.

Entlang der Bahngleise geht es zur nächstgelegenen Fährstation nach Köben. Bis dorthin muss der Treck drei Kilometer zurücklegen.

»Auf der Straße von Lübchen nach Köben: Einige Tage später kamen von dort die ersten Panzer.«

Hanns Tschira

Mit der Fähre können immer nur
wenige Wagen auf einmal übersetzen.
Daher bildet sich eine lange Warte-
schlange, und es dauert Stunden,
bis der Treck am anderen Ufer ist.

»Übergang über die Oder mittels Fähre. Links Hanni.«

Hanns Tschira

»Bei dem kleinen Ort Köben wurde unser Treck über die Oder gesetzt. Es war eine recht beschwerliche und nicht ungefährliche Angelegenheit, da später starkes Schneetreiben einsetzte.«

Hanns Tschira

»Schwester Gertrud spielt mit Treckkindern im Nachtquartier in Parchau beim Bürgermeister.«

Hanns Tschira

Am 24. Januar 1945 erreicht der Treck Parchau. Die Flüchtlinge glauben immer noch, dass sie bald nach Lübchen zurückkönnen.

»In einem Quartier kriegen wir was Warmes bei armen Leuten. Familie Würger in Parchau. Hier waren wir zum ersten Mal von den Russen abgeschnitten. Wir befürchteten, dass wir nicht mehr durchkommen.«

Hanns Tschira

Da viele Hauptstraßen für Militärtransporte reserviert sind, muss der Treck auf Seitenstraßen und Feldwege ausweichen.

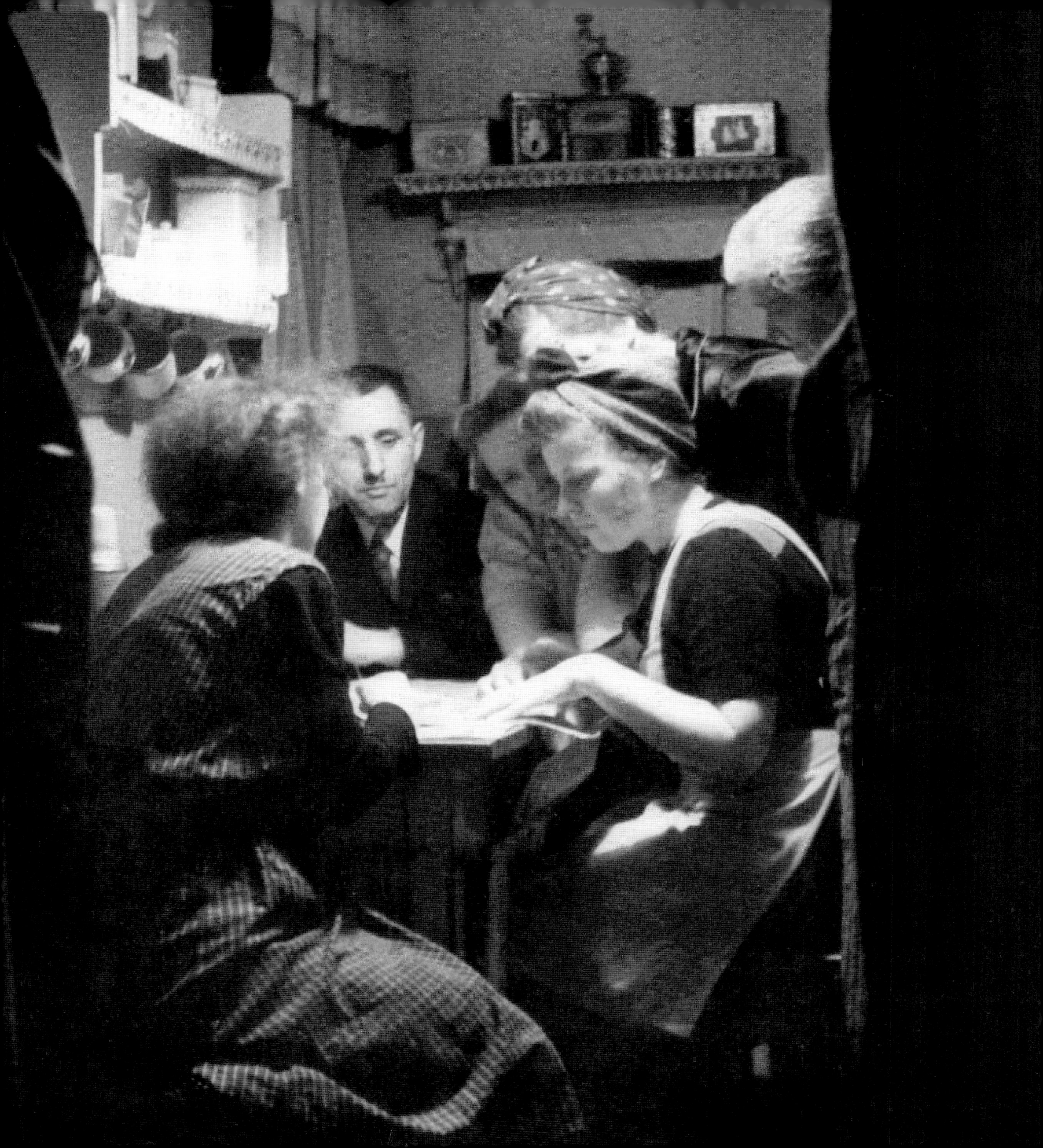

»Nach völliger Räumung des Dorfes ging ich auf die Suche nach meinem Treck, der in fünfzig Kilometern Entfernung in einem Dorf Halt gemacht hatte. Meine lieben Dorfleute konnten es nicht fassen, dass auch hier ihres Bleibens nicht lange war. Ich berief im Dorfkrug (schlesisch: Kretscham) eine Versammlung ein, erklärte die Situation und schlug den sofortigen Abmarsch vor. Die Dörfler wollten mir nicht glauben. Doch zwei Stunden später bellte eine vorgeprellte russische Pak in nächster Nähe. Eine Delegation des Dorfes bat mich, die Führung des Trecks zu übernehmen. Ich setzte die Abreise auf den nächsten Morgen fest. Auf dem Bilde gebe ich auf der Landkarte die ungefähre Route an.«

Hanns Tschira

Das Bild wurde von Martha Maria Schmackeit aufgenommen.

»Der Treck auf dem Marsch durch die Winterlandschaft. Die meisten der Erwachsenen hatten Fahrräder. Auf dem Wege stand der Förster mit seiner Frau, bei dem ich übernachtet hatte. Noch war ihm nicht ganz klar, dass auch er in wenigen Stunden seine Försterei verlassen musste, wenn der Räumungsbefehl erteilt wurde.«

Hanns Tschira

Der Treck setzt sich hauptsächlich aus Frauen, Kindern und Alten zusammen – die meisten Männer sind an der Front.

»Der schweren Beanspruchung eines Dauermarsches waren die leichten Kinderwagen auf Dauer nicht gewachsen. Bald gab es Achsenbrüche und sonstige Unfälle. Hier wird einem Kinderwagen ein Rodelschlitten untergeschoben.«

Hanns Tschira

»Großvater, der sein ganzes Leben lang keinen Schritt über die Peripherie seines Heimatdorfes getan hatte, ergibt sich stumm in das unbegreifliche Geschehen.«

Hanns Tschira

Trotz des schlechten Wetters legen die Flüchtlinge aus Lübchen bis zu zwanzig Kilometer pro Tag zurück.

»Unterwegs trafen wir einen Gutsbesitzer, der sich ein kleines Häuschen auf einen Wagen montiert hatte. Man konnte auch komfortabel trecken!«

Hanns Tschira

Schon bald nach dem Abmarsch aus Parchau machen heftige Schneestürme den Flüchtlingen das Vorwärtskommen zur Qual.

Schicksalsgemeinschaft: Hanni Tschira (rechts) und andere Flüchtlinge bei einer kurzen Rast.

Diese Treckmitglieder ahnen nicht, dass Zigaretten schon bald zu begehrten Tauschobjekten werden.

»Der Treck der 350 Menschen aus Niederschlesien auf dem Marsch durch den winterlichen Wald.«

Hanns Tschira

Drei Tage nach dem Aufbruch in Parchau treffen die Flüchtlinge aus Lübchen in Kotzenau ein.

Dankbar für eine kurze Pause auf dem Wagen: Hanni Tschira (zweite von links) und andere Frauen aus Lübchen.

Anwohner versorgen die Flüchtlinge mit warmen Getränken.

»Der Treck ist im dichten Schneetreiben in einer völlig überfüllten Kleinstadt angekommen. Es wird kurze Zeit Rast gemacht, um das Nötigste zu besorgen. Da wir hier nicht bleiben konnten, mussten wir versuchen, abseits von der Heerstraße in kleinen Dörfern Unterkommen zu finden.«

Hanns Tschira

Neben den wenigen Fuhrwerken erweisen sich die Fahrräder als unentbehrliches Transportmittel.

»In Kotzenau überfiel den Treck ein schwerer Schneesturm, der uns zwang, zu rasten. Schnell wurden einige notwendige Einkäufe gemacht, bevor es wieder weiterging, da wir in der überfüllten Stadt nicht bleiben konnten.«

Hanns Tschira

»Zu meinen täglichen Aufgaben gehörte auch, eine hochschwangere Frau einige Zeit zu führen. Sie ließ es sich nicht nehmen, möglichst viel zu gehen.«

Hanns Tschira

Bei der Schwangeren handelt es sich um Ida Fleischer, die am 19. Februar 1945 in Nossen ein gesundes Mädchen zur Welt bringt. Martha Maria Schmackeit hält diese Szene in Kotzenau im Bild fest.

Das Ochsengespann der Familie Klose aus Korangelwitz, einem Ortsteil von Lübchen.

Die größeren Kinder müssen den Kleinen helfen. Links im Bild: Peter Schmackeit und die Tschira-Zwillinge, die auf dem vereisten Boden immer wieder ausrutschen.

Die offenen Wagen bieten wenig Schutz vor Feuchtigkeit und Kälte.

»Es war kein Vergnügen, die über dreißig Kinderwagen, die zum Treck gehörten, auf den verharschten Straßen vorwärts zu bringen. Wir banden sie an die Pferdefuhrwerke an und kamen ganz gut vorwärts.«

Hanns Tschira

»Der Marsch auf den verharschten Straßen stellte an Menschen und Tiere große Anforderungen.«

Hanns Tschira

Je weiter der Treck in den Westen kommt, desto mehr Flüchtlinge sind auf den Straßen.

Edith Reisig aus Lübchen (links) nimmt dankbar eine Tasse heißen Tee entgegen.

Emma Brandt ist im Januar 1945 53 Jahre alt. Sie und ihr Mann Artur haben in Lübchen einen Bauernhof zurückgelassen.

Das Fuhrwerk mit den beiden Schimmeln gehört zum Bauernhof der Familie Brandt, rechts im Bild Artur Brandt.

Verena Stuntz, die Schwägerin von Hanns Tschira, war im Herbst 1943 aus dem zerbombten Kaiserslautern nach Lübchen gekommen.

Rechts vorne: Hanni Tschira mit einem der Zwillinge. Zum Zeitpunkt der Flucht ist sie 44 Jahre alt.

»Bald schlug das Schneetreiben des Januar in Regen um. Dieses Wetter in seiner ganzen Trostlosigkeit verbesserte die Stimmung natürlich nicht.«

Hanns Tschira

»Wenn wir Truppenteile in den Dörfern antrafen, wurden wir zwischendurch auch einmal von der Wehrmacht verpflegt.«

Hanns Tschira

Schlange stehen für einen
Teller warme Suppe.

Anfang Februar 1945 überquert der Treck aus Lübchen die Reichsautobahn östlich von Bunzlau.

»Entladen der Wagen. Jeder holt seine Sachen ab, um sie für kurze Zeit in seinem Quartier zu verstauen. Frau Schmackeit, meine unermüdliche Helferin, gibt die Gepäckstücke aus.«

Hanns Tschira

»Die Bildberichterin Frau Martha Maria Schmackeit war meine tüchtige Helferin. Hier verteilt sie Lebensmittelkarten und andere Zuteilungen an Dorfbewohner. Ihr Spezialgebiet war die Beschaffung der Nahrung und der Milch für unsere Kleinsten.«

Hanns Tschira

»Erst Wochen nach unserem Abmarsch aus unserem niederschlesischen Dorfe erhielten unsere leichten Panjewägelchen notdürftige Bedachung. Eine Holzbearbeitungsfirma verkaufte uns etwas Holz und Dachpappe.«

Hanns Tschira

»Unsere Männer beim Zusammennageln der Dächer, die unsere offenen Wagen in Niesky erhielten.«

Hanns Tschira

»In Niesky wurde der gesamte Treck in einer Holzbearbeitungsfirma untergebracht. Wir stellten dort fest, dass es sich auf Holzwolle besser liegen lässt als auf Heu. Der Inhaber des Unternehmens spielte den Flüchtlingen auf seiner Harmonika auf. Wohl die einzige Geste menschlicher Anteilnahme, die uns von ›besitzender Seite‹ auf dem ganzen Treck zuteil wurde.«

Hanns Tschira

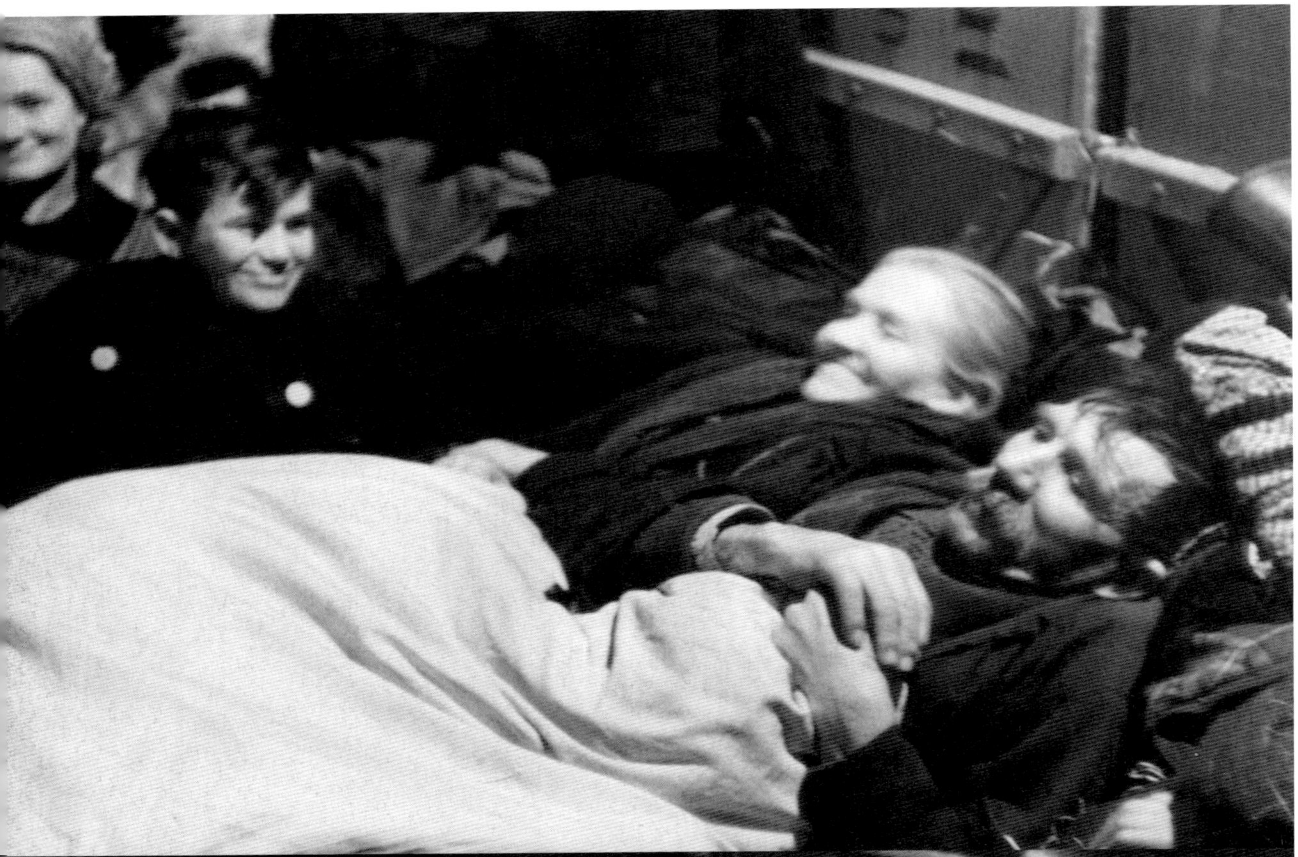

»Jede Nacht, die wir in einem Dorf übernachteten, machte ich meine Runde durch die verschiedenen Unterkünfte. Die Dorfleute konnten nicht einschlafen, bevor ich ihnen nicht noch ein paar tröstende Worte gesagt hatte. Die guten alten Leutchen konnten es nicht fassen, dass sie das erste Mal in ihrem Leben die Heimat verlassen mussten.«

Hanns Tschira

»130 Kinder führte der Treck mit. Darunter befanden sich dreißig Kleinkinder bis zu drei Jahren, die bei der täglichen Versorgung größte Mühe machten.«

Hanns Tschira

Die Mutter dieses Mädchens ist schwer erkrankt und nicht mehr transportfähig. Aber wenigstens haben sie ein Dach über dem Kopf.

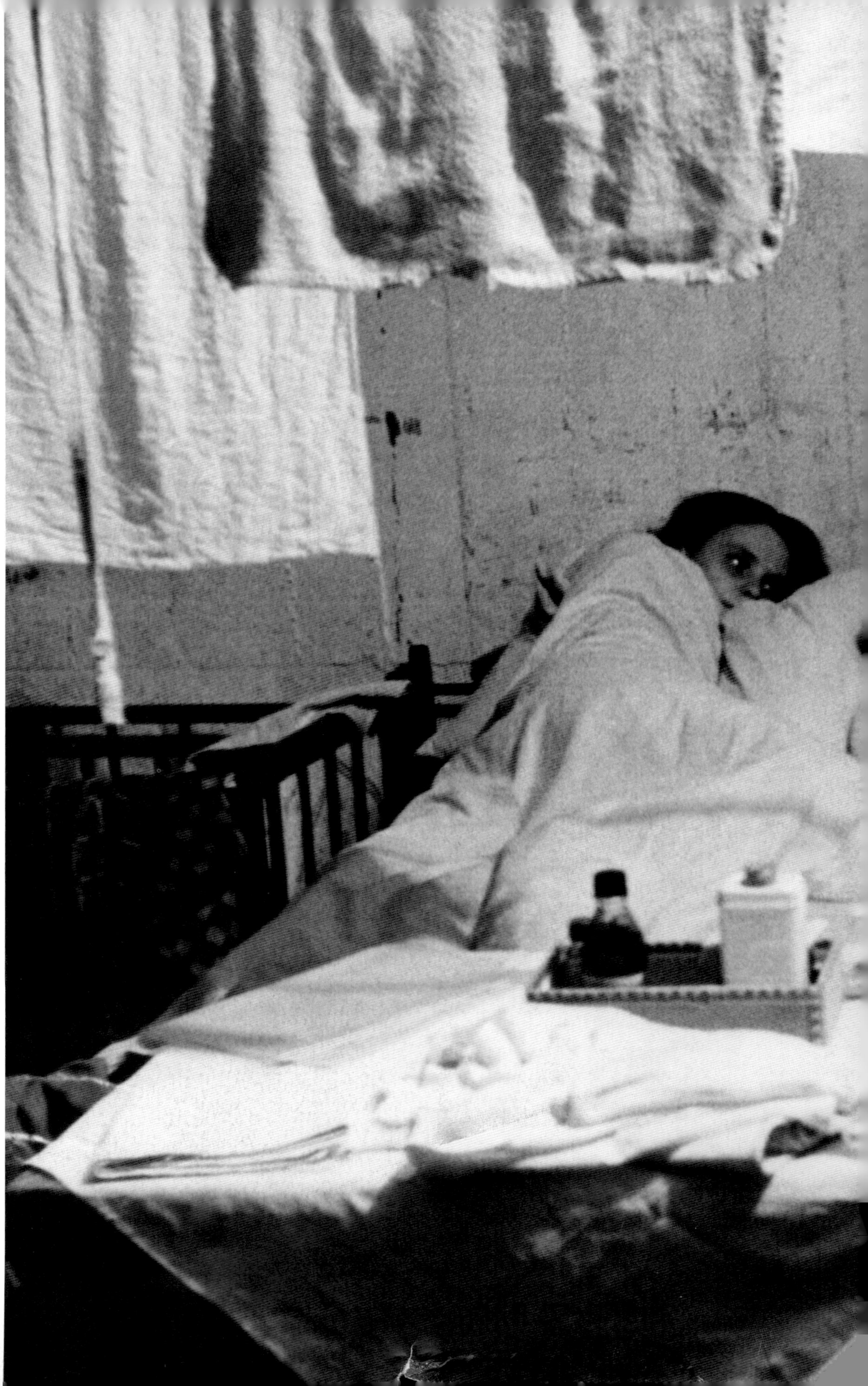

Wer keine Kraft mehr hat, darf für eine Weile auf dem Wagen Platz nehmen.

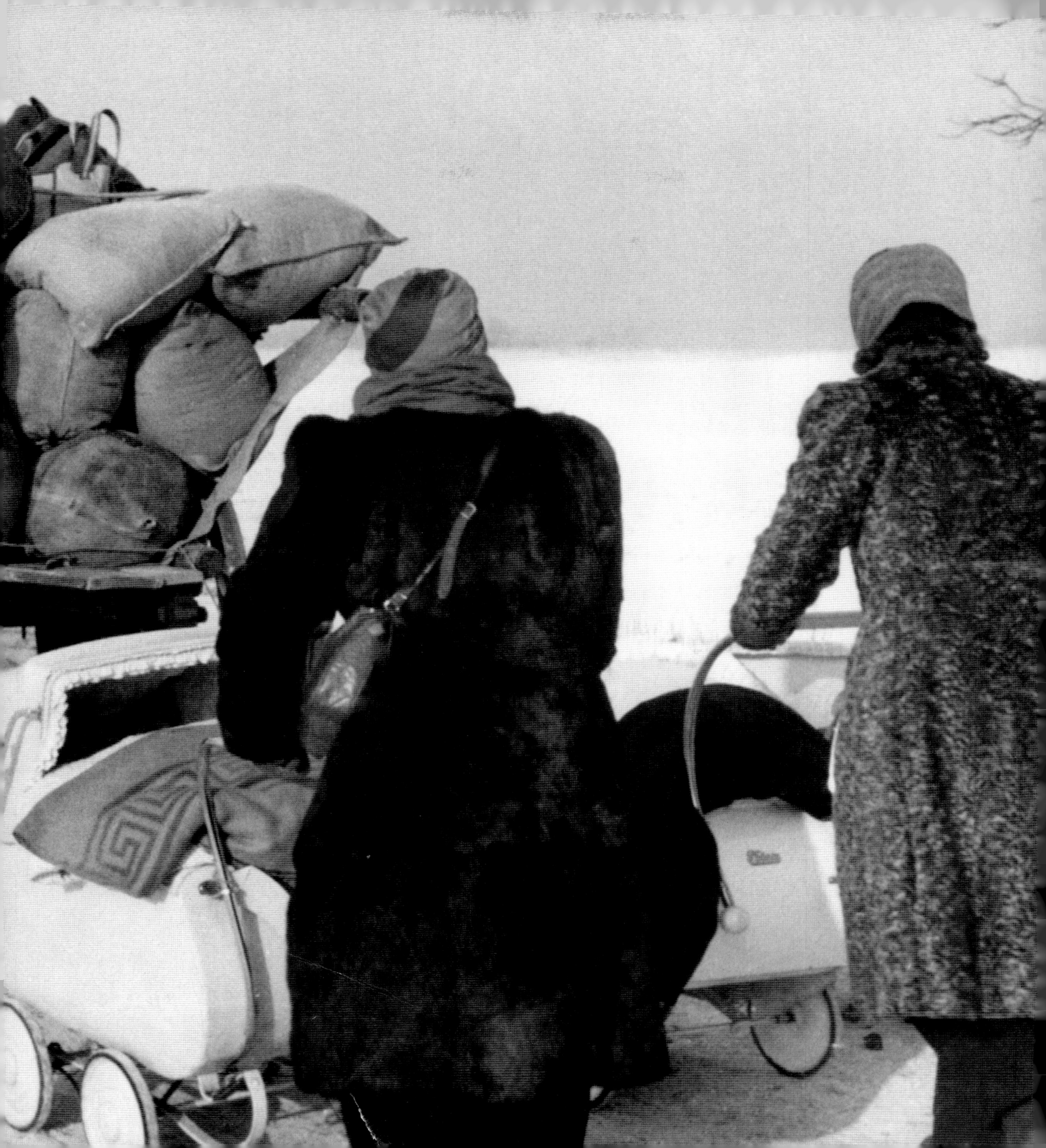

Verena Stuntz beugt sich über ihre erkrankte Tochter Gisela.

»Unterwegs bei 25 Grad Kälte. Links Hanni, rechts außen meine Schwägerin mit ihrer Kleinsten.«

Hanns Tschira

»Dies ist meine kleine Nichte Gisela. Ihre Mutter – die Schwester meiner Frau – war zu uns nach Niederschlesien gekommen. Hier verloren sie den Rest ihrer Habe bis auf ein paar Kleinigkeiten und dazu das Kind aus ungeklärter Ursache. Wir mussten es unbegraben zurücklassen.«

Hanns Tschira

Mit Einsetzen des Tauwetters verschlechtert sich der Zustand der Wege – es geht nur sehr langsam vorwärts.

»Jeder versuchte auf irgendeine Art und Weise vorwärts zu kommen. Am bequemsten war es natürlich, sich an die ohnehin überlasteten Pferdefuhrwerke anzuhängen.«

Hanns Tschira

»Nach dem Osten – in Deutschlands Luftschutzkeller Schlesien – wurden neben vielen Betrieben auch wertvolle Gestüte verlagert. In Ermangelung von Transportmöglichkeiten mussten die wertvollen Zuchtpferde von ihren Bereitern – auf unserem Bilde von einer Bereiterin – zu Fuß weggebracht werden.«

Hanns Tschira

Zur Zubereitung einer warmen Mahlzeit – wie hier in einer leer geräumten Schule – bietet sich selten Gelegenheit.

Eine einfache Kartoffelmahlzeit ist ein wahrer Luxus für die Flüchtlinge.

Hauptsache zusammen! Die Familie Fleischer aus Lübchen.

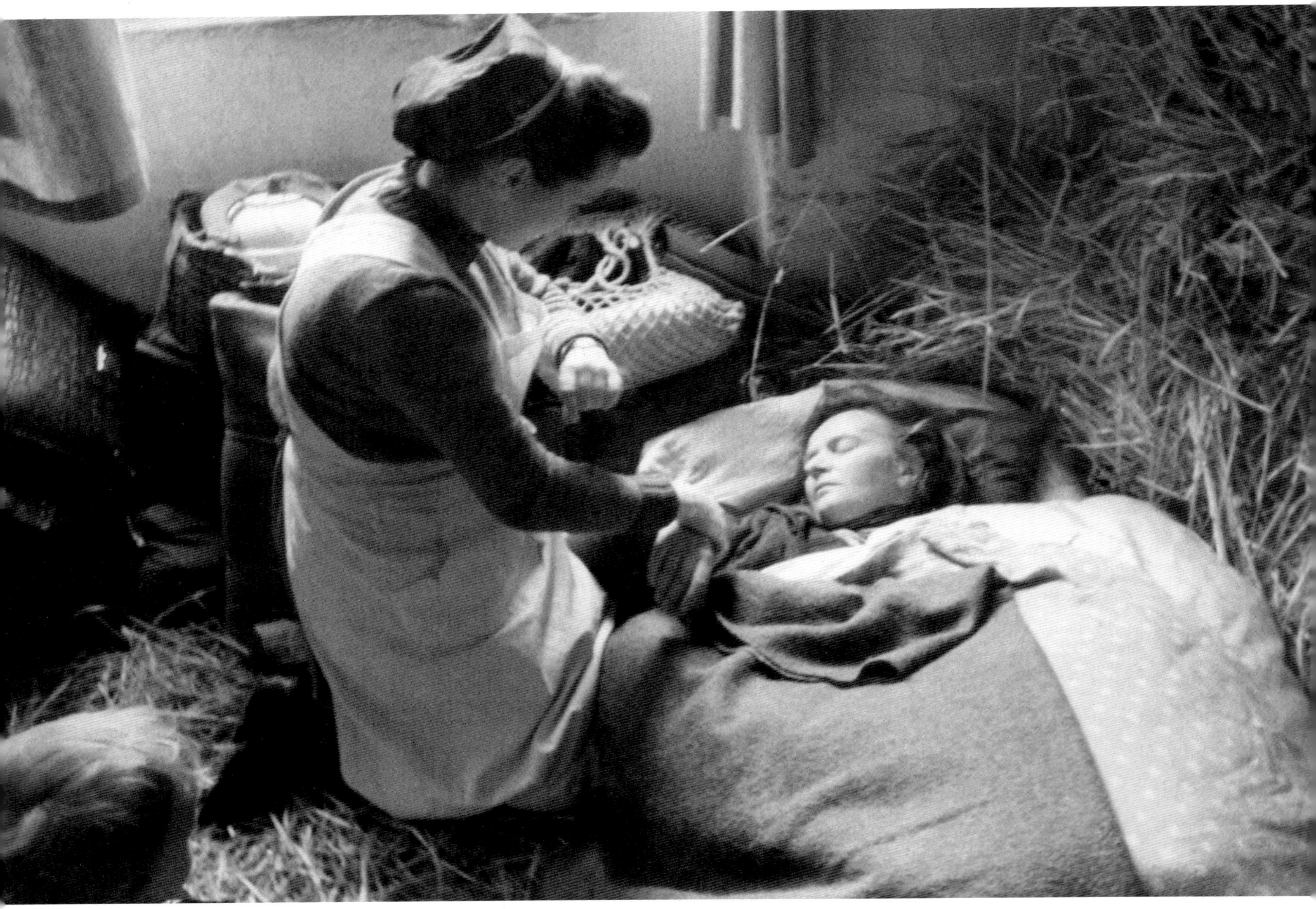

»Unsere Krankenschwester betreut in der Notunterkunft eine schwer Fiebernde, die niemand wegen eventueller Ansteckungsgefahr aufnehmen wollte.«

Hanns Tschira

»Großmutter stopft zum 100sten Mal die Socken von Großvater. Die Alten wurden völlig stumm von der Wucht der Ereignisse, die über sie hereinstürzten.«

Hanns Tschira

»In den Notunterkünften wurden die Schuhe und Kleidungsstücke wieder notdürftig in Ordnung gebracht.«

Hanns Tschira

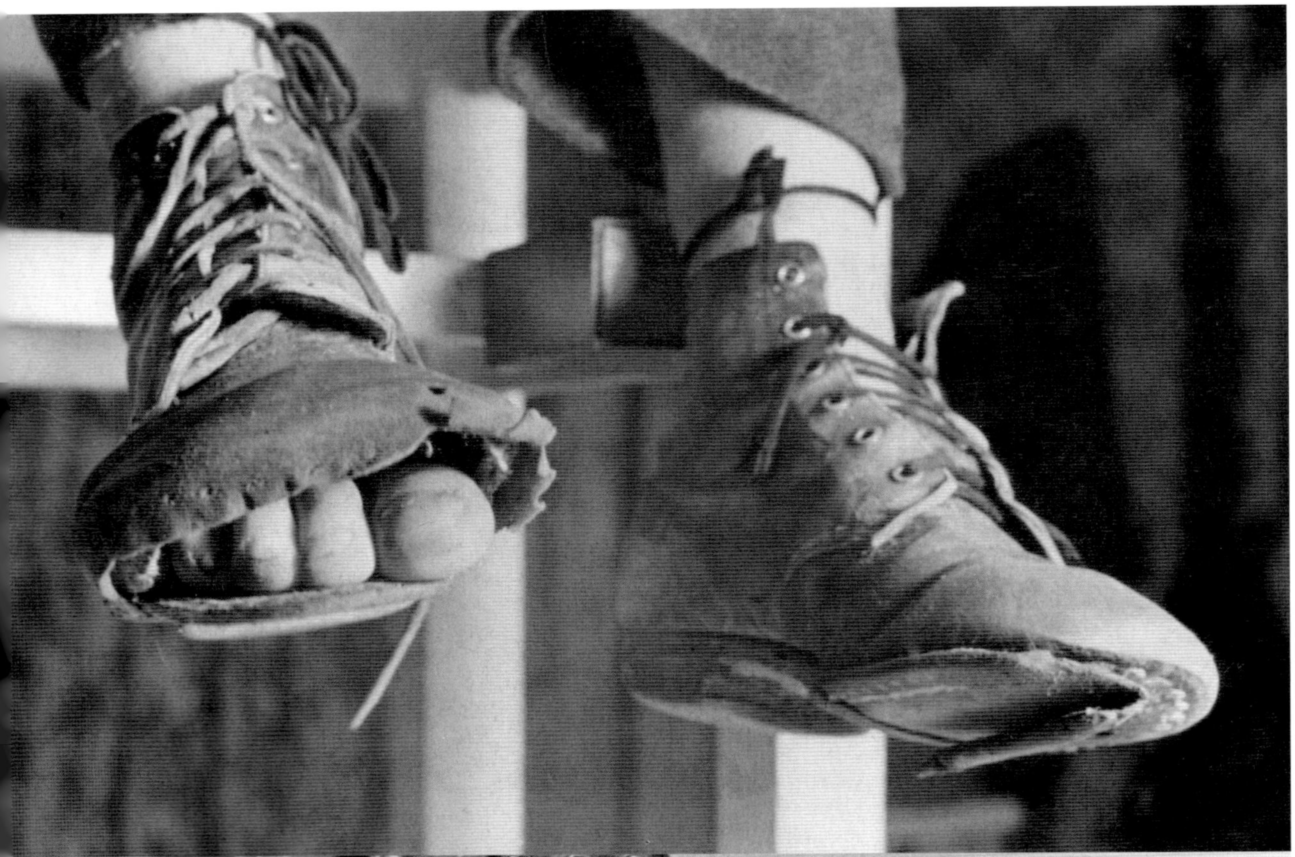

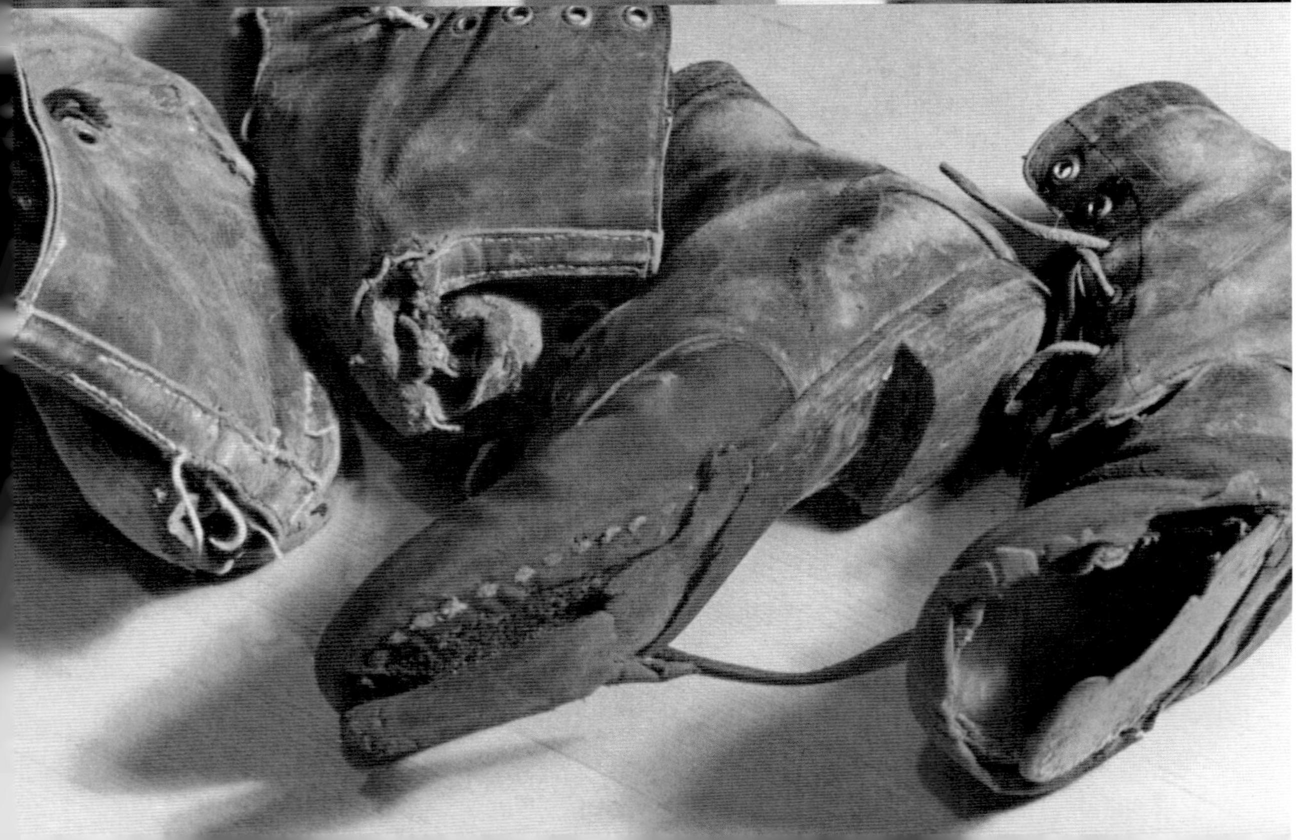

Der lange Marsch fordert seinen Tribut. Bei Kälte und Schnee erleiden viele Flüchtlinge Erfrierungen.

Für die notwendige Reparatur der Schuhe wird Pappe verwendet, die bei dem schlechten Wetter rasch aufweicht.

Endlos zieht sich der Flüchtlingsstrom in Richtung Westen. Der Treck aus Lübchen muss weiter, da die Städte im Osten Sachsens hoffnungslos überfüllt sind. Das Foto wurde von Martha Maria Schmackeit aufgenommen.

»Die Straßen waren gesäumt von havarierten Fahrzeugen, die einfach liegen bleiben mussten, wie viele Menschen.«

Hanns Tschira

Jeder versucht Schritt zu halten, aus Angst, den Anschluss an den Treck zu verlieren.

Die Tschira-Zwillinge mit ihrer Cousine Lieselotte Stuntz. Sooft es geht, suchen die Kinder Schutz in einem der Wagen.

Mitte Februar 1945 bessert sich das Wetter und damit auch der Zustand der Straßen.

Doch für die Menschen bleibt die Situation trostlos.

Nach knapp vier Wochen haben die Flüchtlinge aus Lübchen fast 300 Kilometer zurückgelegt. Ihr Ziel, Neu-Oelsnitz, werden sie am 20. Februar 1945 erreichen.

Stationen der Flucht

1. Lübchen
2. Köben
3. Klein Gaffron
4. Heerwegen
5. Parchau
6. Kotzenau
7. Neuhammer
8. Lichtenwaldau
9. Bunzlau
10. Tillendorf
11. Wehrau
12. Tiefenfurt
13. Rauscha
14. Niesky
15. Bautzen
16. Dresden-Klotzsche
17. Nossen
18. Neu-Oelsnitz

Neben den Bildunterschriften von Hanns Tschira und den Aussagen der Zeitzeugen half das Fluchttagebuch von Martha Maria Schmackeit bei der Rekonstruktion des Fluchtverlaufs.

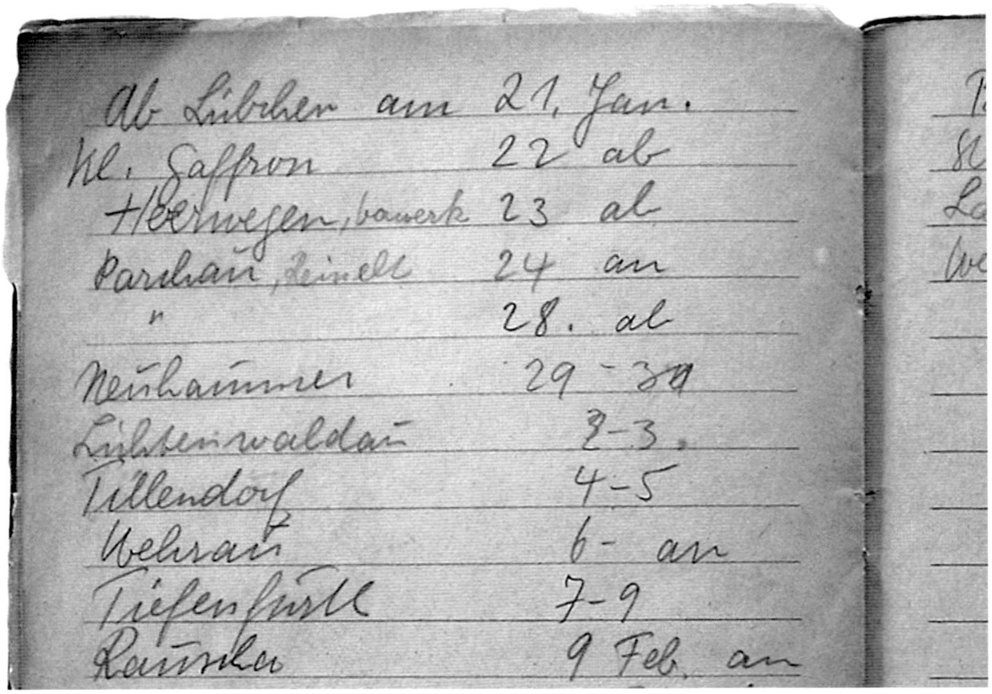
Ab Lübchen am 21. Jan.
Kl. Gaffron 22 ab
Heerwegen, 23 ab
Parchau, 24 an
" 28. ab
Neuhammer 29-30
Lichtenwaldau 2-3.
Tillendorf 4-5
Wehrau 6- an
Tiefenfurt 7-9
Rauscha 9 Feb. an

Städtenamen

Deutsch	Polnisch
Bunzlau	Bolesławiec
Görlitz	Zgorzelec
Heerwegen	Polkowice
Klein Gaffron	Gawrony Mł.
Köben	Chobienia
Kotzenau	Chocianów
Kreuzburg	Kluczbork
Lichtenwaldau	Krzyżowa
Liegnitz	Legnica
Lübchen	Lubów
Neuhammer	Nowa Kuźnia
Nieder Bielau	Bielawa Dolna
Parchau	Parchów
Rauscha	Ruszów
Rosenberg	Olesno
Tiefenfurt	Parowa
Tillendorf	Bolesławicz
Wehrau	Osiecznica

Danksagung

Wie kann ein Buch wie dieses zustande kommen, ohne die Hilfe von anderen? Gar nicht! Daher möchte ich denen danken, die dieses Projekt ermöglicht haben: Allen voran natürlich den Geschwistern Tschira, die von Anfang an die Idee für diesen Bildband mitgetragen haben, und besonders Peter-Christian Tschira für sein unermüdliches Engagement.

Ich danke auch Professor Dr. Guido Knopp, Leiter der ZDF-Redaktion Zeitgeschichte, der die Publikation mit Rat und Tat unterstützt hat.

Ein besonderer Dank geht an Peter Schmackeit und Lieselotte Lauer, die mir die für dieses Buch überaus wertvollen Textdokumente ihrer Mütter zur Verfügung gestellt haben. Peter Schmackeit hat mir darüber hinaus seine eigenen Aufzeichnungen überlassen und bei der Beschaffung und Zuordnung des Bildmaterials geholfen. Erwähnt seien explizit auch noch einmal die Fotos von Martha Maria Schmackeit, die für dieses Buch verwendet worden sind.

Danken möchte ich auch allen Zeitzeugen, die bereit waren, mir von ihrem Leben zu erzählen, besonders Christa Nietzold, Helmut Wachs und Ursula Holländer, die dem Projekt viel Zeit und Mühe geschenkt haben und bei der Kontaktaufnahme zu anderen früheren Bewohnern Lübchens eine große Hilfe waren.

Zu guter Letzt bedanke ich mich bei meinen Mitarbeiterinnen Christine Oschmann, Susanne Flor und Sandra Geiss für ihre kompetente und tatkräftige Unterstützung.

Bild- und Quellennachweis

Historische Motive Oelsnitz/Neu-Oelsnitz (Seite 22, 23, 25, 26): Mit freundlicher Genehmigung der Stadtverwaltung Oelsnitz/Erzgebirge

Alle anderen Motive: © Geschwister Tschira

Die aus dem Archiv von Hanns Tschira überlieferten Fotos der Flucht aus Lübchen sind fast alle im vorliegenden Buch abgedruckt worden. Die zu den Aufnahmen gehörenden Bildlegenden sind ebenfalls verwendet und als Originalzitate von Hanns Tschira kenntlich gemacht worden.

Die Textdokumente, aus denen zitiert wurde, stammen von Verena Stuntz, Martha Maria Schmackeit und Peter Schmackeit.

Entsprechend ihrer Entstehungszeit sind in allen Bildunterschriften und Dokumenten die damaligen deutschen Ortsnamen verwendet worden. Diese Perspektive wurde im Textteil und bei der Zuordnung der Fotos aufrechterhalten. Die heute gültigen polnischen Ortsnamen sind in der tabellarischen Übersicht im Anschluss an den Bildteil aufgeführt.

3. Auflage 2005

Econ ist ein Verlag der Ullstein Buchverlage GmbH

ISBN 3-430-11568-x

Gesetzt aus der Meta und der Sabon
Gestaltung und Satz: Till Nowak, frameboX, Mainz
Druck und Bindung: Offizin Andersen Nexö Leipzig GmbH
Printed in Germany

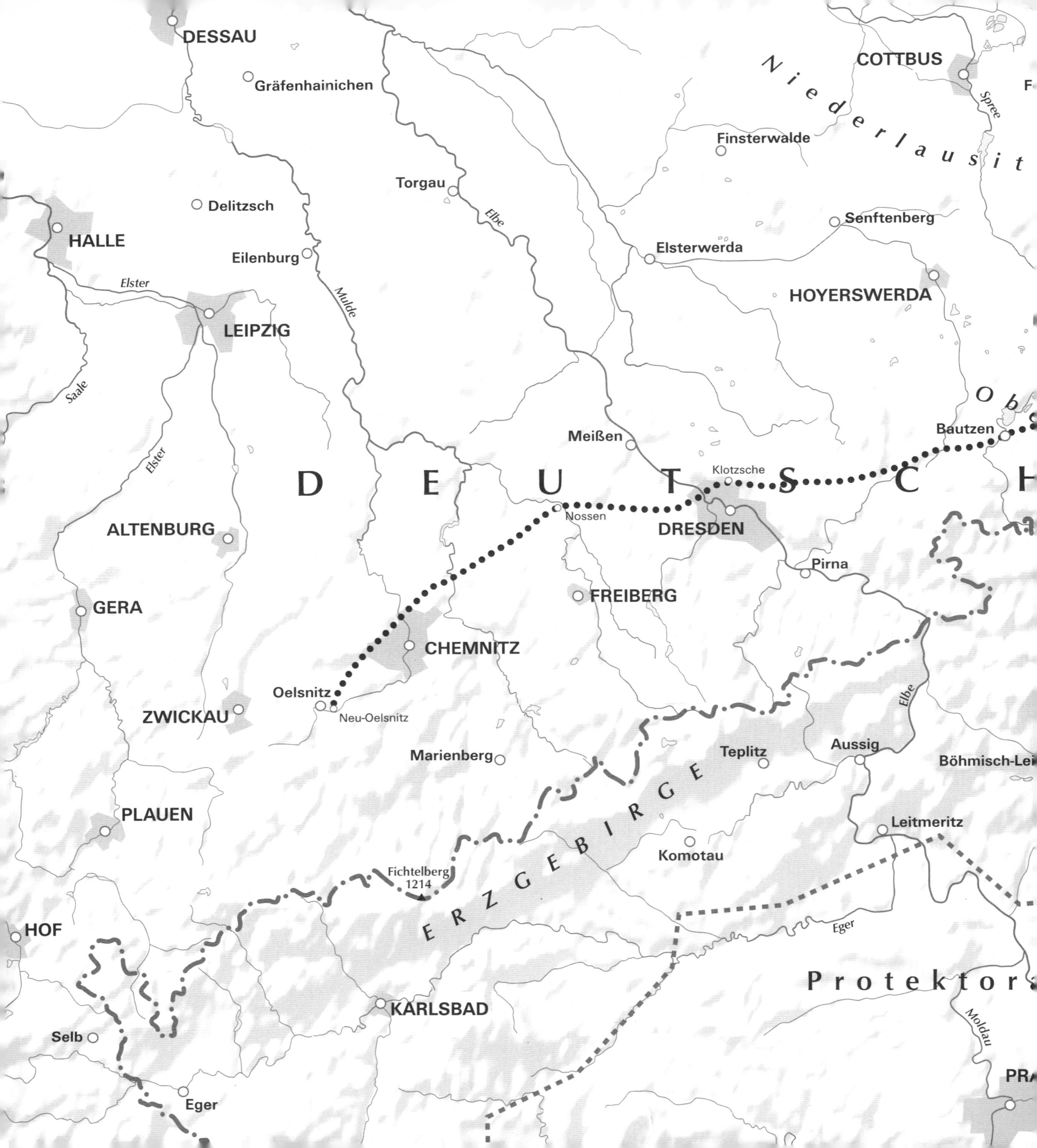
DESSAU
Gräfenhainichen
COTTBUS
Niederlausitz
Spree
Finsterwalde
Torgau
Delitzsch
HALLE
Eilenburg
Elbe
Senftenberg
Elsterwerda
Elster
Mulde
HOYERSWERDA
LEIPZIG
Saale
Elster
Bautzen
Meißen
Klotzsche
DEUTSCH
Nossen
DRESDEN
ALTENBURG
Pirna
FREIBERG
GERA
CHEMNITZ
Oelsnitz
Neu-Oelsnitz
ZWICKAU
Elbe
Aussig
Teplitz
Marienberg
Böhmisch-Lei
ERZGEBIRGE
Leitmeritz
PLAUEN
Komotau
Fichtelberg
1214
Eger
HOF
Protektor
KARLSBAD
Moldau
Selb
Eger
PR